Seelenbuch Verlag

Danksagung

Mein Dank gehört Dir!

Bettina Gronow

Nimm ab,
weil du weißt, wie es geht!

Das Abnehmbuch für Männer!

Seelenbuch Verlag

Seelenbuch Verlag

© von Anbeginn bis 2024 ~ Seelenbuch Verlag

Herausgeberin	Bettina Gronow
Autorin	Bettina Gronow
Covergestaltung	Nathalie Geiger
Layout & Satz	Nathalie Geiger
Autorenfoto	Detlef Postler
Korrektorat	KorrA – Kerstin Thieme
Druck	Libri Plureos GmbH

2. Auflage

ISBN: 978-3-910337-85-5

All meinem Wirken und Sein gebe ich die Zutaten
der Liebe,
der Schönheit,
der Vollkommenheit und
der Vollendung hinzu.

BoD kümmert sich nach bestem Wissen und Gewissen darum,
dass dieses Buch zu dir gelangt. Viele pflichtbewusste Aufgaben
liegen in den Händen von BoD. Besten Dank dafür!

Natürlich befindet sich dieses Buch auch in der
Deutschen Bibliothek und wird dort für die Nachwelt aufbewahrt.
Hier wirst du fündig: https://www.dnb.de

Druck: Libri Plureos GmbH, Friedensallee 273, 22763 Hamburg

Inhalt

Vorwort

Es liegt alles in deiner Hand.

Hiermit meine ich dein Leben und zugleich deinen Körper, deine Figur und dein Gewicht. All dies liegt in deinen Händen. Was erwartet dich somit in diesem Buch? Eines ist sicher, sehr wenig davon, was du glaubst, hier angeboten zu bekommen.

Als Ökotrophologin – Wissenschaftlerin der Ernährung – könnte ich dir natürlich das Gleiche erzählen, was du in zig anderen Büchern findest. Wie z. B. iss mehr Gemüse, jedoch weniger Fett, Zucker vermeide bitte völlig und am besten du studierst zuerst einmal deine Mahlzeit, bevor du sie zu dir nimmst. Darum soll es in diesem Buch nur am Rande gehen.

Du bekommst hier stattdessen verschiedene Tipps und Anregungen, wie du deinen Körper auf eine sanfte Art und Weise dazu bringen kannst, sein Gewicht zu reduzieren.

Ich streife in diesem Buch natürlich auch den Bereich der Ernährung, denn die Ernährung ist schließlich der Kern deines ganzen Dilemmas. Und doch möchte ich den Bogen viel weiter spannen, und zwar bis hin zu deiner Seele.

Ich möchte dir Wege aufzeigen, wie du dein eigentliches Körpergewicht, oder wie ich es nenne, deine innere Mitte, erlangst.

Deine innere Mitte ist der Bereich, in dem du und dein Körper im Gleichgewicht schwingen, deine Energie sich voll und ganz ausbreiten und dein Körper sich zugleich entspannen kann.

Wahrscheinlich, so nehme ich einmal an, bist du von deiner persönlichen Mitte etwas oder sehr weit entfernt.

Dies spielt im Moment jedoch keine Rolle. Die Hauptsache ist, dass du deine Möglichkeiten wahrnimmst und dich auf deine Reise begibst.

Diese Reise wird deinen Körper wieder aufleben und durchatmen lassen. Am Ziel angekommen wird dein Körpergewicht dich nicht mehr in die Knie zwingen, dich nicht mehr einengen und dich ebenso nicht mehr selbst begrenzen.

Es ist dir vielleicht aufgefallen, dass dieses Buch smart und überschaubar ist. Das hat den Grund, dass ich dich hier nicht ewig beim Lesen festhalten möchte. Es ist viel wichtiger, dass du ins Handeln, ins Tun kommst.

Sieh dieses Buch eher als einen dauerhaften Begleiter. Einen Freund, in dem du dir immer wieder einen Kick holen kannst, wenn du glaubst, dein Abnehmerfolg macht Urlaub in der Arktis und ist dort komplett eingefroren.

Im gesamten Text werde ich mich sprachlich an die Männerwelt richten. Wenn du eine Frau bist, dann fühle dich bitte genauso angesprochen. Lass die Wörter einfach von deinem Kopf an die für dich passende Form anpassen.

Wäre es auch möglich, dass dieses Buch nichts für dich ist? Diese Frage möchte ich gerne, bevor du dich ins Abenteuer stürzt, mit dir klären.

Ja, es ist durchaus möglich, dass dieses Buch nichts für dich ist. Besonders dann, wenn du dort stehen bleiben willst, wo du gerade stehst. Dieses Buch ist nämlich kein Roman. Ich möchte dich hier nicht einfach nur unterhalten. Vielmehr möchte ich dich jeden Tag dazu bewegen, deine Gedanken anzuregen und dir Impulse geben, etwas zu verändern.

Ich weiß, so viele Menschen sagen: „Wir ändern uns nicht bzw. die Menschen ändern sich nicht." Und ja, das stimmt. Wir ändern uns dann nicht, wenn jemand von außen es will und wir selbst es eigentlich überhaupt nicht wollen.

Du kannst dich nur verändern, wenn du es willst. Wenn du darin einen Sinn siehst und du es für dich selbst tust.

Da dich dieses Buch angesprochen hat, scheint es in dir den Wunsch zu geben, etwas zu verändern.

Also, lass uns loslegen und schauen, wie du dich verändern magst.

Tag A

Es ist, wie es ist!

Ich möchte diese Wörter gerne wiederholen und zwar ganz langsam: „Es ist, wie es ist"!

Bitte lies dir diese fünf Wörter ruhig mehrmals laut vor. „Es ist, wie es ist"!

Ganz egal, wie viel mehr dir deine Waage im Moment noch anzeigt, es ist so. Die Zahlen stimmen und die errechneten Kilos, die verschwinden dürfen, auch.

Dieser Augenblick ist sehr wichtig, denn du darfst deine Reise sehr behutsam beginnen. Es soll daraus in keinster Weise etwas werden, wogegen sich dein Körper wehrt.

Wir brauchen deine Persönlichkeit, deinen Körper, dein Herz und deinen Verstand zusammen, verbündet und auf ein und derselben Seite.

Sofern sich nur einer von ihnen entscheidet, die Fronten zu wechseln, wird es für dich schwer werden. Im schlechtesten Fall entsteht daraus ein Machtspiel zwischen der einen und der anderen Seite, zwischen Herz und Verstand.

Dies kannst du vermeiden, indem diese fünf Wörter in deine Zellen eindringen und sich dort ausbreiten.

Dieser kleine Satz gilt nicht nur heute am Start. Er gilt an jedem einzelnen Tag. Wichtig ist nämlich nur, dass du nach vorne schaust und dein Ziel nicht aus den Augen verlierst, dann darf dein Hier und Jetzt auch so sein, wie es ist.

Vielleicht merkst du schon, wie sich die Ruhe und die Geduld in dir verteilen. Dieser entspannte Zustand darf sich in deinem Körper vermehren, denn nur so befindest du dich in deiner Mitte und kannst zu dem werden, was du eigentlich wirklich bist. Ich nehme einmal an, dass dein richtiges Ich kein „dicker" Mann ist. Wenn du nun ein Lächeln auf deinen Lippen trägst, dann hast du dich richtig auf dieses Thema eingestimmt.

Wenn nicht, dann sage dir die Wörter „es ist, wie es ist" bitte so lange laut vor, bis du lächelst.

Keine Sorge, wie schon im Vorwort erwähnt, ist dieses Buch dünn gehalten. Du kannst also auf dieser Seite getrost so lange verweilen, wie du es benötigst. Dies gilt natürlich auch für alle weiteren Tage. Wenn du die Seiten mehrmals lesen möchtest, ist das für dich nur von Vorteil, denn so gibst du dir genügend Zeit und den Wörtern den Raum, den sie brauchen werden.

Es ist, wie es ist!

Tag B

Wir haben Zeit!

Was löst der Satz „Du hast Zeit!" eigentlich bei dir aus? Enge, Schwere und Hektik? Egal, was es ist oder wie du es benennen magst, wohl jede Crash-Diät und jeder ruckartige Lebenswandel hat mittlerweile bewiesen, dass diese Versuche nach hinten losgehen oder sich wie ein Jo-Jo verhalten. Das Wort Jo-Jo erinnert mich ans Spielen, doch dazu später mehr, denn wir haben ja Zeit.

Wenn du 5, 10, 15 oder mehr Jahre damit verbracht hast, deine Kilos anzusammeln, ist es doch sehr seltsam, diese in 5, 10 oder 15 Tagen abschütteln zu wollen.

Klar, das wünschst du dir sicher, aber bestimmt nicht dein Körper. Dieser wüsste überhaupt nicht, wie ihm geschieht und das Einzige, was er dann machen wird, ist mit allen Mitteln und Wegen zu versuchen, sich wieder in seine gewohnte Position zu bringen. Du nimmst ihm ja schließlich etwas weg, wovon er glaubt, dass es zu ihm gehört. Ganz zu schweigen von deinem Unterbewusstsein, der Teil, der dich wirklich ausmacht. Dieser ist überhaupt noch nicht neu ausgerichtet, auch dazu später mehr.

Das Einzige, was passieren wird, ist ein Kampf zwischen deinem Verstand und deinem Körper. Ich weiß, wir Menschen kämpfen oft und wohl auch gerne, doch bringt uns das selten dorthin, wo wir hinwollen und wenn doch, sind die Spuren sehr deutlich sichtbar. Beides möchte ich nicht, nicht für deinen Körper und auch nicht für dich.

Wenn du Kampfspuren willst, dann lies lieber diese hop-on-hop-of-Diätbücher. Oder doch lieber nicht. Nimm dir vielmehr Zeit und lies diese Zeilen hier ganz in Ruhe und lass sie auf dich wirken.

Warum wir hier den Weg mit Gelassenheit gehen?

Es gibt die Annahme, dass wir alle miteinander verbunden sind. Das würde dann im schlimmsten Fall bedeuten, dass mich dein Körper und deine Seele verfolgen, weil sie denken, ich habe sie durch meine schnell, schneller, am schnellsten Vorschläge komplett ruiniert. Darauf würde ich persönlich sehr gerne verzichten.

Daher zusammenfassend: Nehmt euch bitte Zeit, du und dein Körper. Geht diesen Weg gemeinsam, dann kommt ihr auch gemeinsam am Ziel an.

Wie viel Zeit du dir genau nehmen solltest, um dein Wunschgewicht zu erreichen, hängt zum einen davon ab, wie groß die Differenz zwischen deinem heutigen Gewicht und dem Gewicht ist, welches du anstrebst und natürlich zum anderen auch davon, wie lange du dein heutiges Gewicht schon mit dir herumträgst. Je länger und größer die Differenz ist, umso mehr Zeit darfst du dir und deinem Körper auch geben.

Ich kann mir jedoch gut vorstellen, dass du nicht Jahre warten möchtest. Zumal dich deine Zeitspanne auch ruhig etwas herausfordern darf, sonst wird dir ja langweilig und du machst womöglich wieder eine Kehrtwendung.

Daher frage bitte deinen besten Verbündeten um Rat. Das ist nicht dein Freund oder deine Freundin, ich bin es auch nicht, nein es ist, Überraschung, dein eigener Körper. Ganz genau genommen, dein Herz. Das weiß sehr gut, wie viel Zeit angemessen ist. Da dein Herz immer das absolute Optimum anstrebt, in diesem Falle eine möglichst große Zeitspanne, sind vielleicht kleine, ganz leichte „Verhandlungen" nötig.

Es ist jedoch Vorsicht geboten beim Verhandeln. Auch wenn wir es versteinert und abkühlen haben lassen, das Herz sitzt am längeren Arm. Tricks jeglicher Art sind gut zu überlegen, denn das mit dem Verheimlichen geht in diesem Fall äußerst schwer.

Somit nehmt euch Zeit – Körper, Herz und du – setzt euch an einen imaginären Tisch und besprecht den zeitlichen Rahmen.

Wie lautet euer gemeinsames Datum?

__ . __ . 20__

Wie lautet eure gemeinsam festgelegte Zeitspanne?

__ Monate

Tag C

Wo soll die Reise hingehen?

Da ihr euch schon sehr gut kennt, ihr drei, deine neuen besten Freunde und du, könnt ihr gleich noch einmal an eurem imaginären Tisch zusammenkommen und die Frage besprechen: „Wo soll die Reise hingehen?"

Ganz konkret: Welches Kilo-Ziel, Kleidergröße oder welche Figur darf erreicht werden?

Doch bevor hier die Zahlen über den Tisch rollen, möchte ich etwas weiter ausholen. Zahlen sind gut, praktisch und auch irgendwie lebensnotwendig. Doch sie sind menschlich. Damit meine ich, unserem Körper, als Ganzes betrachtet, sind Zahlen so ziemlich egal. Es kann auch durchaus sein, dass unser Unterbewusstsein sich schon die ganze Zeit fragt, was wir eigentlich wollen. Was das Ganze bedeuten soll, diese 80, 90, 100 oder für die weiblichen Körper, diese magischen 90, 60, 90.

Schließlich wiegt unser Unterbewusstsein ja selbst fast nichts. Unser Verstand schmeißt dagegen die ganze Zeit mit Zahlen um sich, dass einem schwindlig werden kann. Da hilft nur eines! Hand aufs Herz legen und aus der Tiefe deines Körpers eine Form, ein Körpergefühl oder ein Bild hervorholen, welches wirklich zu dir passt. Zumal unser Gehirn sowieso in Bildern denkt und nicht in Zahlen.

Einfaches Beispiel, sag deinem Kopf ein Wunschgewicht und er wird versuchen, dir ein passendes Bild daraus zu machen, denn eine Zahl ist für dein Gehirn nicht darstellbar oder greifbar.

Ein weiterer wichtiger Punkt ist folgender. Wenn du dir selbst eine exakte 80 vorlegst und bei 120 Kilo startest, dann kann es sein, dass du bei 81,2 Kilo denkst, die Welt geht unter. Denn dich trennen noch 1,2 kg von deiner absoluten Traumzahl. Bei einer Wegstrecke von 40 Kilo ist das vielleicht nicht so unendlich entscheidend. Mit so einer genauen Punkt- und Kommalandung erzeugst du jedoch garantiert echten Druck, merkbaren Stress und sichtbar schlechte Laune.

Ich empfehle dir daher sogar, deine Waage einer wohltätigen Einrichtung zu schenken, denn sie minimiert alles, was dich ausmacht, dein ganzes Wesen, auf zwei oder drei Zahlen. Und auch wenn ich dich nicht persönlich kenne, traue ich mir zu sagen, diese Zahlen können nie und nimmer das widerspiegeln, was du wirklich, als Ganzes betrachtet, bist!

Ein sanfter Weg, ohne feste Gewichtsangaben, wäre dieser: Suche Fotos von dir, wenn du früher weniger gewogen hast, oder nimm Fotos von einer Person, die der Vorstellung deines Herzens und deines Körpers entspricht.

Natürlich kannst du dich auch selbst in der Zukunft zeichnen. Welches Bild/Zeichnung du auch von dir auswählst, sie darf groß genug sein, damit du dein Ziel sehr deutlich erkennen kannst.

***

Wie siehst du aus, wenn du dein Ziel erreicht hast? Beschreibe bitte deinen Körper so genau wie möglich.

....

....

....

....

....

....

....

....

....

....

....

....

....

**Hier ist Platz für dich und deine neue Figur!
Bitte zeichne dich oder klebe ein passendes
Foto ein.**

Blättere nun auf Seite 18 zurück und verbinde dein Bild mit deinem Datum. Jetzt weißt du, wo die Reise hingehen wird und wann du dort ankommst.

Herzlichen Glückwunsch! Diese zwei Handlungen sind sehr wichtig und entscheiden über deine Zielankunft. Gestärkt mit deinem Datum und deinem Bild im Kopf rutschen wir gleich ins nächste Kapitel.

Tag D

Alles darf sichtbar werden!

Sicher kennst du das Bild von dem Hasen, dem eine Karotte vor der Nase hängt.

Du bist natürlich kein Hase. Jedoch brauchst auch du diese Karotte vor Augen, damit sich alles in dir darauf ausrichten kann.

Dazu brauchst du eine große weiße/freie Fläche. Es kann eine Pinnwand, eine Wandtafel, ein großes Blatt Papier (mindestens A3) oder auch ein schöner neuer Rahmen sein. Am besten ein wertvoller Rahmen oder eine wertvolle Tafel, welche deine Persönlichkeit sehr gut widerspiegelt.

Wenn du das Objekt deiner Wahl gefunden hast, dann wähle nun einen gut sichtbaren Platz dafür aus.

Abschließend gebe bitte erneut ein Foto oder eine Zeichnung von dir in die Mitte des Objektes und schreib das Datum oben drüber.

Gleiches Prinzip wie zuvor, nur diesmal nicht versteckt in diesem Buch, diesmal wird dein Ziel für dich noch sichtbarer. Diese kleine Handlung ist schon einmal mehr als die halbe Miete, nicht schlecht, oder?

Jetzt wird es allerdings Zeit für dich, aktiv zu werden, und zwar so richtig. Stell dich bitte mindestens einmal am Tag vor dein Bild. Sehr gerne auch mit deinem alkoholfreien Lieblingsgetränk und lass das Bild und das Datum auf dich einwirken. Sei dabei bitte wachsam, denn aus deinem Inneren werden Gedanken emporsteigen, wie du dein Ziel ganz leicht und einfach erreichen kannst.

Es werden Ideen sein, die für dich und deinen Körper die besten sind. Wenn dein Körper nicht gleich mit dir sprechen will, dann gib ihm etwas Zeit. Er braucht vielleicht eine Weile, um sich daran zu gewöhnen. Vertrau ihm einfach, denn dein Körper ist gesprächslustiger, als du es annimmst.

◆

Natürlich kannst du hier deine Gedanken notieren.

....

....

....

....

....

....

....

....

Sollte sich dein Körper nicht bei dir melden, dann sieh dir einfach nur das Bild an und reise in die Zukunft.

Kreiere in deinem Kopf einen richtigen Film darüber, was du alles machst, wenn du dein Ziel erreicht hast.

Diese Übung ist sehr wichtig, denn sie gewöhnt dein Unterbewusstsein daran, wie dein neues Leben aussehen wird. Deinen eigenen Film kannst du vor deinem inneren Auge abspielen lassen, so oft du magst, wann immer dir danach ist und wann immer du ihn als Unterstützung brauchst. Täglich wäre natürlich mehr als super, denn diese kleine Aktion wird dich weiter bringen, als du ahnst. Wenn dir diese Übung vertraut vorkommt, dann bitte ich dich erst recht, sie nach deinem Geschmack zu erweitern und auszubauen.

Tag E

Wie sieht es auf deinem Teller aus?

Am Tag E beschäftigen wir uns passenderweise mit dem Thema Essen. Doch ich möchte dir hier nichts über die einzelnen Lebensmittel erzählen, denn ich glaube, jeder von uns weiß im Grunde seines Herzens, welche Lebensmittel uns guttun, welche uns beim Abnehmen helfen und welche eher nicht. Hier also nur ganz grob: Viel Fleisch, Fett, Fertiggerichte, Süßigkeiten und Chips sind nicht förderlich beim Abnehmen; dagegen sind Obst, Gemüse, Milch- und Vollkornprodukte, eine leichte, farbenfrohe gemischte Kost, umso förderlicher.

Natürlich haben die Lebensmittel, die auf deinem Teller landen, etwas mit deinem Gewicht zu tun. Das lässt sich nicht vermeiden und auch leider nicht schönreden.
Doch wie es an Tag A schon heißt, es ist, wie es ist!
Ergänzend: Es muss jedoch nicht so bleiben. Es darf sich etwas ändern, und zwar in die Richtung, die dich näher zu deinem Wunschgewicht bringt.
Daher beobachte dich zuerst einmal. Wann genau nimmst du welche Lebensmittel zu dir?

Stell dir dazu die folgenden Fragen:

- Was genau isst du und wann?
- Hast du, wenn du isst, wirklich Hunger?
- Wo isst du und wie sind die Umstände?
- Hast du Zeit zum Essen oder isst du zwischendurch?

Immer mit dem Hintergrund, es ist, wie es ist. Das bedeutet in diesem Fall, ohne dich irgendwie mit Wörtern zu bestrafen, ohne negative Sätze, die du gegen dich selbst richtest. Nimm dich einfach so an, wie du bist.

Beobachte dich für eine Weile, jedoch ist nur schauen erlaubt. Sieh genau hin und werde dir jedes Lebensmittels, das in deinem Mund landet, bewusst. Auch alle Produkte, die so ganz nebenbei und rein zufällig in deine Hand gelangen, übersieh sie nicht.

Pack die Fakten auf den Tisch und im nächsten Kapitel zeige ich dir dann, welche Ursachen es dafür geben kann.

Hier ist Platz für deine Notizen rund um das Thema Essen!

....

....

....

....

....

....

....

....

....

....

....

....

....

....

Hilfsmittel:
W-Fragen, wann, wo, wie, warum / Uhrzeit, Essens-situation, Stimmung, Gefühl, Dauer und Umgebung?

Tag F

Warum greift unsere Hand zu Schokoriegeln und Co?

Die Einfachheit wird dich auch an diesem wichtigen Tag, wenn es um das große WARUM geht, begleiten.

Unser intelligenter Kopf könnte doch einfach die richtigen Lebensmittel für uns auswählen und da er über alle Körperparameter verfügt, genau errechnen, wann uns welche Vitamine, Mineralstoffe, Kohlenhydrate, Fette und Eiweißmoleküle fehlen. Das sollte doch möglich sein.

Ist es das vielleicht auch?

Wir Menschen haben aus dem Thema Essen eine richtige Wissenschaft gemacht. Kaum einer blickt mehr durch bei all den Informationen. Alle reden darüber und für viele ist es eine Lebensaufgabe geworden, auch wenn ihr Beruf nicht Koch ist. Viele versuchen uns zu erklären, welche Prozesse genau in uns ablaufen und warum es uns so schwerfällt abzunehmen.

Für mich jedoch liegt die exakte Antwort in jedem von uns, denn jeder von uns ist individuell. Nicht die große Menschenmasse kann dir eine detaillierte Antwort geben, das kannst nur du selbst.

Das große Gerüst ist unter uns schon ähnlich, doch wie jeder Fingerabdruck unterschiedlich ist, so sind wir es, wenn es um unsere Feinstruktur geht, auch. Wir sind einfach verschieden und warum bestimmte Lebensmittel auf unserem Teller landen, hat ganz individuelle Gründe.

Diese Gründe sind oft gekoppelt an Emotionen und Ereignisse, die wir an dieser Stelle nicht vermuten.

Es können sich z. B. eine nicht hinterfragte Erziehung, ein blindes Mitmachen, unausgesprochene Gefühle, die verschiedensten Kompensationsmechanismen, eine Schutzfunktion oder die Auswirkung einer großen inneren Leere dahinter verbergen.

Wir essen nur ganz selten wirklich dann, wenn wir eigentlich Hunger haben. Wir haben uns unser natürliches Hungergefühl förmlich abtrainiert. Wir essen und trinken vielmehr aus Stress, aus Frust, aus Mangel an Liebe, aus Langeweile, um unsere Macht zu zeigen, um unsere Gefühle zu unterdrücken, um uns abzulenken, um uns zu beschäftigen und um einfach etwas oben auf unseren angehäuften Problemberg draufzupacken.

Wir essen natürlich auch, weil man den Teller leer isst und eben schon immer so gegessen hat.

Das sind einige Möglichkeiten, die Aufzählung lässt sich bestimmt noch eine Weile fortführen.

Durch diese erlernten Verhaltensmuster fällt es unserem Körper natürlich sehr schwer, uns Signale zu geben, welche Lebensmittel er eigentlich wirklich benötigt. Auch ist er durch all die Jahre selbst vollkommen von seinem ursprünglichen Plan abgewichen.

Daher möchte ich an dieser Stelle das Thema Essen bei dir wieder von diesen sehr verschiedenen Gründen entkoppeln. Zugleich lade ich dich ein, diesem Megakomplex eine einfache Struktur zu verpassen.

Das Motto hierbei lautet, wie dir schon bekannt ist, „es ist, wie es ist", jedoch darf es sich ändern.

Auch hier geht es nicht um eine Wertung, sondern nur um eine reine Feststellung deiner Handlungen, welche du durch ein anderes Verhalten austauschen kannst.

Wenn du eigene Gründe findest, die dir selbst als mögliche Ursachen für dein Gewicht vertraut vorkommen, dann ist es erst einmal so. Erlaube dir in den kommenden Tagen, deine Gefühle und deine Gedanken rund um das Thema Essen zu beobachten und frage dich immer wieder, warum isst du?

Unterstützend brauchen wir wieder dein Bild bzw. deine Tafel. Wenn du davorstehst, lege bitte wieder deine Hand auf dein Herz und frage dich, was genau dir am meisten schadet, was dir einfach nicht guttut und frage dich bitte auch, woher dieses Verhalten kommt.

Wir können, da es ein erlerntes Verhalten ist, dieses auch zu jeder Zeit wieder ablegen und durch ein neues Verhalten austauschen. Das hört sich an dieser Stelle für dich bestimmt sehr einfach an, doch genauso einfach ist es.

—◆—

Schreibe bitte einmal alle Warum-Möglichkeiten auf, die für dich zutreffen.
Notiere einfach alles, was dir dazu einfällt.

....

....

....

....

....

....

....

....

....

....

....

....

....

....

Schau dir bitte ganz genau an, was du alles aufgeschrieben hast. Ganz ehrlich und ohne zu schummeln. Dies hier ist dein Buch und somit sieht keiner deine zusammengetragenen Notizen. Nur du bist hier und du solltest es dir wert sein, deine Augen offen zu halten und dein Leben an dieser Stelle anzunehmen.

Werde dir bewusst, an welchen Stellen in deinem Leben du das Essen benutzt, um die verschiedensten Dinge und Gefühle zu kompensieren. Wenn du dies klar aufgedeckt hast, dann entkopple das Essen davon. Die Nahrung ist in erster Linie dazu da, dass all unsere Körperfunktionen reibungslos laufen.

Wie kannst du das Essen wieder entkoppeln?

In vielen Fällen reicht es schon aus, dass dir dies bewusst ist. Denn wenn du dies erkennst, bekommst du wieder die Macht in deine Hände, es auch zu ändern.

Wenn du an dieser Stelle zweifelst, dass du dein Verhalten ändern kannst, dann möchte ich dir gerne ein Bild mit auf deinen Weg geben.

Nehmen wir einmal an, du fühlst dich ungeliebt und vertilgst jeden Abend eine große Portion Essen, dann kannst du es heute Abend sein lassen. Und warum kannst du es? Weil du zum einen das Muster dahinter erkannt hast und weil zum anderen dein Verstand und dein Kopf mächtiger sind als deine Hände, die nach dem Essen greifen. Das ist einfach so! Probiere es aus. Ein Beispiel: Schütte einfach eine giftige Substanz über dein Essen und deine Hand wird dir das Essen nicht bis zum Mund führen. Glaubst du mir nicht? Dann probiere es aus. Koch dir ein schönes Essen, kipp ordentlich Spülmittel darüber und dann schau, was passiert*.

Ich kann mir gut vorstellen, dass du bei diesem Anblick kaum mehr Hunger verspürst. Vielmehr wirst du innehalten, über dieses Bild nachdenken und auch darüber, welches Bedürfnis sich eigentlich dahinter verbirgt. Es ist nämlich keine Lösung, ein Gefühl oder eine Emotion mit Essen zu kompensieren. Vielmehr ist es angebracht, dich diesen Gefühlen zu stellen und sie anzunehmen.

*Dies ist nur ein Experiment. In keinem Fall greife zu und beginne zu essen! Es könnte deiner Gesundheit großen Schaden zufügen.

Tag G

Es ist alles nur ein Gedanke!

Unsere Gedanken sind ein Werkzeug, das wir viel zu wenig nutzen. Wir lassen sie meistens frei herumfliegen und sie rennen dann mit uns, nach Lust und Laune, quer über den Acker unseres Lebens. Das macht uns manchmal halb verrückt.

Und auch an dieser Stelle gilt, dies muss nicht sein. Wie deine Hand steuerbar ist, so sind auch deine Gedanken lenkbar. Du kannst auf einen negativen Gedankenstrudel aufspringen und mit ihm in den Abgrund reiten oder du kannst ihm zuwinken und sagen, ich habe gerade überhaupt keine Zeit.

Genauso wie wir es an der ein oder anderen Stelle mit leicht anstrengenden Menschen handhaben. Lächeln, winken und sagen, o sorry, ich bin gerade mit etwas sehr Wichtigem beschäftigt.

Das große Mysterium Gedankenwelt ist komplex und es ist da, ob wir wollen oder nicht. Wir müssen jedoch nicht endlos im gleichen Zug mitfahren.

Der Gedanke, ich muss jetzt unbedingt dies oder jenes essen, ist in erster Linie ein Gedanke. Nicht mehr und nicht weniger. Ob daraus eine Handlung Richtung Küche wird, ist dann eine Entscheidung und kein reiner Gedanke mehr.

Wenn du also deine Gedanken sortierst, neu ausrichtest, dann gibst du ihnen die Chance, sich und dich gleich mit zu verändern.

Dein Bild aus der Zukunft ist dabei wieder sehr entscheidend. Unser intelligenter Kopf erkennt, dass das Bild über kurz oder lang nicht mit unseren Gedanken übereinstimmt. Daher bitte doch deine Gedanken, dir zu helfen.

Unsere Gedanken kennen ihre Kraft und sie wissen, dass sie uns unterstützen oder uns schaden können.

Unser Körper weiß, wenn es einem Teil von uns nicht gut geht, dann geht es uns insgesamt nicht besonders.

Daher wünsche dir doch von deinen Gedanken, dass sie dich unterstützen, denn dann werdet ihr alle, deine Gedanken, dein Körper und deine gesamte Persönlichkeit, eine schöne Zeit erleben.

Wie kannst du nun deine Gedanken zu sehr guten Freunden werden lassen?

Wie immer ganz einfach: mit Freundlichkeit, Liebe und dem Zauberwort: bitte. Natürlich spielt dabei deine Geduld auch eine Rolle. Wenn sich deine Gedanken über Jahre hinweg in eine entgegengesetzte Richtung begeben haben, dann brauchen sie natürlich auch etwas Zeit, um sich wieder umzugewöhnen. Doch unsere Gedanken sind flexibel und auch sehr beweglich.

Erinnere sie einfach jeden Tag an euer neues Vorhaben, indem du dir dein Ziel vor Augen führst oder indem du dich vor dein Visionsboard stellst. Wann immer deine Gedanken abhauen möchten, hole sie sanft wieder zurück und begegne ihnen in Liebe und Freundschaft. Wie heißt es so schön: Denn sie können nichts dafür.

Schließlich hast du sie über einen langen Zeitraum immer frei und wild herumlaufen lassen.

Dadurch, dass du langsam und behutsam anfängst, sie zu zähmen, könnt ihr für den Rest eures Lebens beste Freunde werden.

Wenn ihr an diesem Punkt angekommen seid, kannst du deine Gedanken natürlich auch dazu verwenden, dich noch mehr zu unterstützen. Sie können dir z. B. helfende Ideen und erleichternde Handlungen vorschlagen.

So eine Einheit, wie du sie mit deinen Gedanken bilden kannst, kann dann so schnell nichts und niemand umwerfen.

Verbünde dich daher mit deinen Gedanken und gestaltet euch euer Leben so genial wie nur möglich. Denkt dabei immer schön groß, richtig bunt und mit besonders viel Freude und Spaß. Abzunehmen und mehr Sport zu treiben kann echt so einfach und leicht sein.

Um den Bogen wieder zu schließen, alles ist nur ein Gedanke und es sind deine Gedanken!

Tag H

Eine Entscheidung muss her!

Bist du verheiratet? Lebst du in einer festen Partnerschaft oder bist du Single?

Warum ich dich das frage? Auch unser Beziehungsstatus, oder deine Partnerwahl, ist genau genommen eine Entscheidung, die du getroffen hast. Als Single sind wir uns dessen vielleicht nicht immer ganz so bewusst, doch auch hier haben wir eine Entscheidung getroffen.

Genauso verhält es sich mit deinem Gewicht. Dies ist nämlich ebenso deine Entscheidung und demzufolge trägst du allein dafür die Verantwortung!

Das mag dir vielleicht kurzzeitig etwas ernüchternd erscheinen, doch zugleich ist es auch eine riesengroße Chance. Du kannst nämlich hier und jetzt eine andere Entscheidung treffen. Eine Entscheidung, die nicht nur für vier Wochen gilt, sondern eine Entscheidung für dein ganzes Leben.

Solange wir uns nicht endgültig festlegen, werden das hier alles nur nette Wörter bleiben, die dich etwas unterhalten. Nur ist es das wert?

Natürlich nicht! Du bist viel mehr wert! Auch

wenn du deinen ganzen inneren Reichtum noch nicht sehen kannst, bist du doch viel wertvoller, als du es heute zu erkennen vermagst.

Wir Menschen neigen dazu, für unsere eigene Persönlichkeit blind zu sein. Und auch das ist eine reine Entscheidung. Möchtest du deine Werte erkennen, annehmen und diese voll ausleben oder möchtest du auf dem Standstreifen durch dein Leben reisen?

Es ist alles nur eine Entscheidung, die wir treffen müssen, denn dieses Kapitel lautet ja nicht umsonst: Eine Entscheidung muss her!

Auch wenn ich persönlich kein großer Fan von dem Wort „müssen" bin, an dieser Stelle gehört es jedoch verwendet. Genauso gut können wir uns ja auch gegen uns entscheiden. In diesem Fall tragen wir natürlich auch die Verantwortung dafür, das ist klar.

Wenn du dich für deine Kilos entscheidest, ist das völlig okay! Doch bitte entscheide dich und dann verfolge deinen Weg. Wirf nicht deine ganze Energie weg, nur weil du dich nicht entscheidest.

Noch viel wichtiger ist, du kommst nicht vorwärts. Das ist genau so, als wenn du an einer Kreuzung stehst und dich nicht entscheiden kannst, ob du links oder rechts langgehst. Solange du keinen eindeutigen Weg wählst, solange bleibst du genau dort stehen, wo du bist und verschenkst deine ganze Power.

Unser Kopf braucht einen Weg, eine Entscheidung. Wenn du ihm diese nicht gibst, dann rennt und hüpft er im Kreis und macht dich bisweilen verrückt. Das ist ja auch ganz klar, ihm ist langweilig und er wartet. Wie ein kleines Kind fordert er dich heraus. Und das macht er eben so lange, bis du ihm etwas anbietest.

Eine sichere Möglichkeit, ganz viel Kraft zu verpulvern, ist es, wenn du dich nicht entscheidest.

Daher, gib deinem Kopf Futter, gib ihm eine Entscheidung, dann kann er diese nutzen, um deine Gedanken neu auszurichten und dich ans Ziel zu bringen.

Viel Spaß dabei!

Zitat:

Alles ist eine Entscheidung und ein Gedanke zugleich!

Wie lautet deine Entscheidung?

Tag I

Reise ins Umfeld. Ein Pausentag!

An deinem Pausentag möchte ich dich für eine ganz besondere Aufgabe begeistern.

Nimm dir bitte einmal etwas Zeit und schau dir die Menschen um dich herum genauer an.

Wie essen sie? Was essen sie? Wie richten sie ihre Augen auf ihren Teller? Welche Wörter verwenden sie, wenn sie über das Essen sprechen?

Was lässt sich über ihre Körpersprache sagen? Wie wirkt ihre Körperhaltung auf dich und welche Signale senden sie deiner Meinung nach aus?

Wie bei so vielen Dingen im Leben brauchen wir nicht zwingend unzählige Bücher zu wälzen, um die Zeichen und Wörter zu deuten. Doch wenn du dich mehr für die Körpersprache interessierst, findest du dazu viele interessante Bücher. An dieser Stelle begnügen wir uns voll und ganz mit deiner Intuition und deinem gesunden Menschenverstand.

Diese beiden verraten dir recht genau, was dir dein Gegenüber wirklich sagen möchte, auch wenn er dies selbst oft gar nicht bemerkt. Natürlich sollst du dich dann nicht hintenanstellen und es deinen

Bekannten, Freunden oder deiner Familie nachmachen. Du darfst es hingegen reflektieren und für dich einordnen.

Du bist derjenige, der diese Zeilen liest. Du sammelst gerade neue Erfahrungen, dein Geist spricht zu dir und somit bist du nicht mehr nur ein reiner Leser. Du bist vielmehr eine „Schnittstelle" dieser Wörter. Warum?

Wenn du an deinem Ziel angekommen bist, dann hast du viel zu erzählen. Das Erreichen deines Zieles und dieses Buch hier haben dich verändert. Diese Erfahrungen für sich zu behalten, finde ich keine schöne Idee.

Vielmehr kannst du all den Menschen, bei denen du gesehen hast, dass sie nicht in ihrer Mitte und somit nicht im Einklang mit sich selbst leben, von dir erzählen. Was sie daraus machen, ist ihre Entscheidung. Auch sie müssen sich entscheiden. Doch du kannst der Impuls sein, auf den sie gewartet haben.

Wenn wir uns verändern, dann bleibt das nicht ungesehen, besonders dann nicht, wenn du deine Kilos schmelzen lässt. Deine Reise zu dir selbst ist somit viel mehr.

Keiner von uns beiden kann ihr wirkliches Potenzial auch nur erahnen.

An dieser Stelle möchte ich ein paar persönliche Worte an dich richten. Wir alle leben zusammen, nichts existiert allein. Eine wirkliche Unabhängigkeit gibt es so gesehen nicht.

Nehmen wir einmal an, du bist 55 oder älter und

gehst durch die Straßen. Eine Gruppe Jugendlicher kommt auf dich zu. Sie sehen dich und deinen Körper. Da du ihnen fremd bist, können sie in diesem Moment nur dieses Bild deuten, dein Inneres bleibt ihnen verschlossen. Wenn sie dich mit, sagen wir einmal, 50 Kilos zu viel sehen, dann hinterlässt du in diesen Gehirnen eine Spur. Wie z. B. es ist okay, wenn man 50 Kilo zu viel wiegt.

Diese Jugendlichen werden erwachsen, sehen immer mehr Menschen, die im Alter zu viel auf die Waage bringen und das Bild, es ist okay, manifestiert sich. Es wird legitim, es wird die Normalität.

Wenn du allerdings genau dieser Gruppe von Jugendlichen signalisierst, es ist vollkommen normal, auch später noch fit zu sein, sich in seinem Körper wohlzufühlen, dann kann das einen Unterschied machen, oder?

Wenn du nun die Gruppe Jugendlicher durch deine eigenen Kinder, Enkelkinder oder durch Kinder um dich herum austauschst, wirst du merken, wie die Anonymität verschwindet und du auf einmal eine viel größere Entscheidungskraft für andere sein kannst. Wir können unser Umfeld zwar bequatschen, wie oben beschrieben, doch – wie du weißt – viel bedeutender ist jenes, was du wirklich tust. Das, was wir mit unseren eigenen Augen sehen können, festigt sich ganz anders in unserem Gehirn.

Daher ist deine Reise in dein Umfeld am Ende auch eine Reise zu dir selbst. Denn wie gesagt, das Umfeld und du, euch gibt es nur zusammen und nicht getrennt.

Tag J

Eifersucht, Neid und Geiz

Was sollen Eifersucht, Neid und Geiz mit deinem Übergewicht zu tun haben? Na ja, als Mann im besten Falle weniger als bei uns Frauen und doch denke ich, ihr Männer seid ebenso davon betroffen. Auch ihr schaut euch untereinander an, begutachtet euch und bewertet eure Mitmenschen.

Alles, was unter das große Kapitel „Vergleichen" fällt, ist sehr verbreitet. Unsere Gesellschaft züchtet es uns förmlich an. Schau, der ist größer, schlanker, sieht besser aus, hat bessere Noten, mehr Erfolg und sowieso die schönsten Frauen. Bei solchen Kommentaren immer cool und locker zu bleiben, sich zu denken, das freut mich aber sehr für ihn, fällt uns nicht immer leicht. Es ist jedoch sehr wichtig, hier mehr Leichtigkeit zu bekommen.

Solange wir solche Gedanken in uns hegen, sind wir nicht bei uns und schon gar nicht auf der Seite der Liebe. Wir erzeugen, ohne es vielleicht zu ahnen, eine große Ablehnung gegen uns selbst und das bringt uns keinen Schritt weiter. Im Gegenteil, wann immer wir genervt und gestresst sind, somit weniger Kraft für unsere positiven Gedanken haben, schleichen diese negativen Wörter wie von selbst aus unserem Mund.

Deinem Körper dann zu signalisieren, dass du ihn so annimmst, wie er gerade ist, kann ihn etwas verwirren. Schließlich passen deine vergleichenden Wörter nicht zu deinem Plan.

Tu dir daher selbst den Gefallen und hole deine Wörter umgehend zurück, wann immer sie sich in eine eifersüchtige oder neidische Richtung bewegen. Ersetze sie durch weiche und schöne Sätze oder durch nichts. Schweigen ist in solchen Momenten ein sehr gutes Mittel. Wir sind zu jeder Zeit in der Lage, unser Gesagtes zu beeinflussen. Keiner, außer du selbst, spricht mit deinem Mund und daher kannst du deine Wörter steuern oder gleich ganz für dich behalten.

Wie oben beschrieben, es ist auch an dieser Stelle nur eine Entscheidung. Wir haben alles in uns, was wir für ein besseres Leben benötigen. Das beinhaltet auch die Möglichkeit, zu schweigen oder freundliche Sätze zu formulieren. Wenn du an dieser Stelle denkst, ja aber – mir sind diese so mit auf den Weg gegeben worden, dann ist es ebenso eine reine Entscheidung diese, Stück für Stück, zu verändern.

Ich sage nicht, dass es die leichteste Übung der Welt ist und auch nicht, dass du dich morgen schon komplett verwandelt haben wirst. Ich sage jedoch, du kannst es schaffen. Du kannst jeden Tag ein wenig mehr bei dir, bei der Sanftheit und bei der Liebe ankommen. Um nämlich letzten Endes so auch schneller und geschmeidiger dein Ziel zu erreichen.

Tag K

Kilos rauf, Kilos runter

Hoch und runter, hin und her!

Wer soll sich da auskennen?

Wenn du dich entscheidest, dein Ziel anzupacken, dann gibt es nur einen Weg.

Runter mit dem Gewicht, so lange, bis du bei deinem Ziel angekommen bist. Alles andere kostet nur Geld, Zeit, Nerven und schadet dir.

Dein Körper braucht Kontinuität, sonst kennt er sich nicht aus und weiß nicht, was du willst. Wenn du heute normal isst und morgen wieder richtig zuschlägst, fragt sich dein Körper zu Recht, na was denn nun?

Dein Körper braucht eindeutige und verständliche Signale, heute, morgen, in 3 Monaten und auch noch weit darüber hinaus.

Wenn du dich nicht entscheiden willst, dann rate ich dir, lass es lieber sein. Nein, das war ein Scherz!

Natürlich rate ich dir das nicht. Ich rate dir lieber, dich voll und ganz auf das zu konzentrieren, was du willst. Deine Vision von dir vor Augen zu haben und den Weg einfach jeden Tag aufs Neue zu gehen.

Wenn du dies eine Weile gemacht hast, dann wird dein Abnehmprojekt bald zu einem Selbstläufer. Es wird der Tag kommen, an dem du nicht mehr daran denkst, dass du abnehmen willst. Du tust es einfach, weil es dein Wunsch, dein Ziel und eben dein Körper ist!

Mal ganz genau genommen, wie viele Versuche hast du schon gestartet, um abzunehmen?

Wenn dies hier dein erster ist, dann gratuliere ich dir. Wenn deine Antwort eine andere ist, frage dich bitte, wie es dir erging, als du endlich die Diät überstanden hattest! Als du nicht mehr zählen, umrechnen, Verbote einhalten und Regeln befolgen musstest.

Wie dir bestimmt schon aufgefallen ist, ist das der große Unterschied zu anderen Abnehmbüchern. Hier geht es um keine Regeln oder gar Verbote. Hier geht es darum, wie du dich entscheidest. Es geht um eine Einladung, etwas zu dürfen, nicht etwas zu müssen oder zu sollen.

Und wenn du einmal genau hinsiehst, viele Diäten entmündigen dich quasi komplett. Wie es dir ergeht, ob du die Zutaten magst oder nicht, das steht nicht zur Debatte. Es gibt einen festen, engen Plan und dem musst du dich unterordnen. Komme, was da wolle.

Doch was ist mit dir? Was ist, wenn du mit deinem engen Plan im Restaurant feststellst, wirklich essen kannst du hier nichts. Und dann, was passiert dann?

Du kommst in Konflikt mit deinem Verstand und deinem Körper/Gewicht. Schließlich sind da diese Regeln und Verbote. An diese gilt es sich zu halten, sonst versagst du. Immerhin kannst du dich nicht einmal x Wochen an Regel x halten. Das ist nun wirklich schwach, oder?

Bei diesem Spiel gibt es nur Verlierer. Entweder dein Körper oder dein Verstand. Einer von beiden geht leer aus.

Dafür kann ich nicht voten. Sonst würde ich ja sagen, das eine oder das andere ist wichtiger. Dein Verstand ist wertvoller als dein Körper, na sicher nicht.

Spätestens bei einer ordentlichen Grippe lernen wir unseren Körper wieder sehr zu schätzen und freuen uns, wenn er wieder gesund ist. Zumal dein Körper dein bester Freund ist und den zu knebeln nicht wirklich Sinn ergibt. Schließlich soll er abnehmen. Er hat physisch gesehen die meiste Arbeit zu erledigen und obendrein wird er dafür noch bestraft. Ich glaube, unter solchen Bedingungen würde jeder von uns streiken.

Jedoch streikt er nicht, wenn dein Körper ganz genau weiß, was ihn alles Schönes erwartet.

Wie z. B. Entlastung für deine Knie, Gelenke, Hüften, für deinen Rücken und alle deine Organe.

Klar, zu Beginn kann es schon sein, dass du deinem Körper dieses neue Programm erst einmal verkaufen musst. Ja, du darfst sogar richtig viel Werbung dafür machen. Denn vergiss nicht, die letzten Jahre hast du deinem Körper täglich eine ganz andere Richtung signalisiert. Wie in einem fahrenden Zug gilt es erst einmal, die Weichen neu einzustellen, vom Gas zu gehen und dann langsam die Richtung „Kilos runter" einzuschlagen.

Tag L

Langeweile gibt es nicht!

Wie oft essen wir wohl aus Langeweile?
Antwort: Zu oft!

Langeweile ist eine weit verbreitete „Krankheit",
denn sie lässt unser Potenzial schrumpfen. Im
schlimmsten Fall steigert sie dazu noch unser Gewicht, und das muss nicht sein.

Wie wäre es, wenn du deinem Leben einen tie-
feren Sinn gibst? Dich Dingen widmest, die dich
begeistern, die deine innere Flamme zum Leuchten
bringen und somit deine Kilos schmelzen lassen.

Dir ist bestimmt schon einmal aufgefallen, wenn wir
uns voll und ganz für etwas begeistern, dann denken
wir an alles andere, aber nicht ans Essen. Wir sind
richtig in Fahrt. Unser Körper will dann nur noch in
dieser Stimmung bleiben und darin verweilen. Das
Gefühl von „Hunger aus Langeweile" hat absolut keine
Chance sich auszubreiten. Wenn das keine tolle Diät
ist, dann weiß ich auch nicht! Die Begeisterungs-Diät!

Suche dir daher eine für dich passende Beschäftigung, welche du sehr oft ausüben kannst, und dann

leg los. Geh voll und ganz in dieser Tätigkeit, oder in deinem Hobby, auf. Lebe voller Energie und lass die Langeweile draußen.

Am besten wäre es natürlich, wenn es mit Bewegung zu tun hat oder du Bewegung aufbringen musst, um dort hinzukommen, sei es zu Fuß oder dem Fahrrad. Alles was dir ringsherum mehr Bewegung verschafft, ist herzlich willkommen.

Nehmen wir einmal an, dein Herz schlägt für Münzen. Dann ist es vollkommen egal, was andere davon halten, es zählt allein, dass es dir deine Langeweile vertreibt. Wenn du dazu noch quer durch die Stadt fahren musst, um dir deine Sammlerobjekte zu ergattern, auf was wartest du dann noch? Fahr oder geh los. Lass dich von deinem Leben und seiner Lebendigkeit leiten.

Langeweile entsteht nicht selten auch nach 20 Uhr. Besonders dann, wenn die immer größer werdende schwarze Kiste angeht und bunte Bilder dein Gehirn befüllen. Zu allem Überfluss sind diese Bilder untermauert mit Tonnen an Werbeminuten, die dir suggerieren, dass du Hunger hast und bei der nächstbesten Gelegenheit unbedingt die allerneueste Kreation von xyz ausprobieren musst. Nicht selten endet solch ein Abend mit dem Gang zum Kühlschrank oder Süßigkeitenversteck. Doch auch das muss nicht sein.

Zum einen kann die schwarze, zeitfressende Kiste ausbleiben, zum anderen kannst du interessante Bücher, rund um deine Leidenschaft, lesen oder du machst draußen oder drinnen noch etwas Sport.

Dein Herz weiß schon längst, was es lieber machen will. Frag es einfach.

Wenn dir gar nichts mehr einfällt: Aufräumen und Putzen gehen meistens immer. Und wenn du in der Wohnung fertig sein solltest, jemand in deiner Nähe hat bestimmt noch Arbeit für dich.

Diese Tätigkeiten verschaffen dir nicht nur mehr Bewegung, sie signalisieren deinem Unterbewusstsein auch, dass es dir wirklich ernst mit deinem Vorhaben ist. Dass du wirklich in deinem Leben etwas verändern sowie mehr Ordnung und mehr Leichtigkeit erschaffen willst.

Kleine Schritte sind hierbei das Zauberwort. Nicht alles auf einmal putzen wie ein wilder Hengst, sondern dafür mit Ruhe und Ausdauer. Besonders Gartenarbeit ist übrigens eine sehr schöne Form der bewegten Meditation. Die frische Luft, der Kontakt mit der Erde oder den Pflanzen und die wiederkehrenden Bewegungen tun unserem Körper sehr gut.

Wie du schon weißt, beginnt auch hier alles mit einem Gedanken. Dieser kann entweder so lauten: o wie blöd, ich muss rasenmähen oder: o wie toll, ich darf eine Weile im Garten verbringen und mich leicht und locker bewegen.

Du siehst, das Thema Langeweile gibt es nicht, außer wir erschaffen es uns selbst und verschwenden unsere kostbare Zeit.

Wenn von dir an dieser Stelle das Argument kommt, dass du den ganzen Tag unterwegs und auf den Beinen bist, dann ist es ebenso wichtig, vielleicht sogar noch wichtiger, dass du nicht den ganzen Abend auf dem Sofa landest, sondern als Ausgleich lieber einer ruhigen, entspannenden Bewegung nachgehst. Ansonsten kennt dein Körper genau zwei Dinge, herumhetzen und das Sofa.

Ein Dazwischen, eine wirkliche Erholung, kennt er nicht. Gib euch beiden einfach mehr Bewegung sowie mehr Abwechslung und nutze die Zeit, die du zu Hause oder auf Geschäftsreisen verbringst, dafür, dir mehr Lebensqualität zu erschaffen.

Wann kommt bei dir eine Form der Langeweile auf?

....

....

....

....

Was wirst du dagegen unternehmen?

....

....

....

....

Tag M

Mach dir Mut!

Du bist mutig, das ist mal gewiss, denn du liest dieses Buch. Und doch gibt es zu diesem Thema noch einiges mehr zu sagen. Es gehört wirklich Mut dazu, sein Gewicht auf diese Weise verändern zu wollen. Wie du schon gesehen hast, ist das hier kein Diät-Buch, bis auf die Begeisterungs-Diät-Empfehlung.

Hier geht es um eine Rundum-Veränderung. Dazu braucht es auch eine große Portion Mut. Du wirst feststellen, dass du an einigen Stellen gegen sehr große Widerstände ankämpfen musst, und zwar nicht nur gegen deine eigenen. Es wird auch Gegenwind von außen auf dich einwirken. Wenn du dich auf den Weg machst, um in deiner Mitte anzukommen, kann es sein, dass dies nicht alle Menschen erfreut. Sie fühlen, dass sie dort auch hinwollen, doch aktuell noch nicht hinkönnen. Auch ihnen steht zuerst einmal eine grundlegende Entscheidung bevor. Das macht sie unruhig, denn du störst ihren inneren Frieden. Dieser Tatsache solltest du dir bewusst sein, mehr aber auch nicht.

Es gibt verschiedene Möglichkeiten, Mut zu tanken. Eine sehr prägnante Art ist es, sich vor den Spiegel zu stellen und sich rund zehn Mal diese oder ähnliche Sätze vorzusagen:

Ich nehme ab!
Es fällt mir leicht abzunehmen!
Ich habe mein Traumgewicht!
Ich fühle mich immer besser und besser!
Ich schaffe das!
Ich erreiche mein Ziel!

Vielleicht kennst du solche Sätze schon oder es fallen dir auf Anhieb noch weitere ein. Diese einfachen Sätze können dich gerade dann, wenn das alles hier neu für dich ist, sehr weit voranbringen. Sie lassen dich durchhalten und schalten deinen Verstand aus. Dieser Zustand kann dich dabei unterstützen, mehr Mut zu bekommen und dein Vorhaben bis zum Ende zu verfolgen.

Wenn dir diese Methode vertraut ist, du sie aber nicht täglich anwendest, dann hinterfrag dich bitte, woran liegt es.

Diese Methode mag zwar einen ordentlichen amerikanischen Touch haben, doch sie ist sehr wirksam und sie regt deine Handlungen, dein Tun, an. Diese Möglichkeit nicht zu nutzen, ohne eine Alternative zu verwenden, die dich ebenso dauerhaft bei Laune hält, ist bei deinem Vorhaben leicht fahrlässig.

Eine weitere Möglichkeit, der ganz anderen Art, sehe ich in der Natur. Es gibt sehr viele natürliche Pflanzen und Essenzen, die uns auf unserem Weg eine ganze Ecke weiterhelfen können. Jeder Mensch hat z. B. mindestens einen Kraftbaum. Allein dadurch, dass du dich in die Nähe dieses Baumes begibst, stärkt der Baum dich, gibt dir Mut und festigt deine Taten.

Wenn das hier ein Ureinwohner lesen würde, der würde wohl denken, wir sind von einem anderen Stern. Ja, Bäume, überhaupt die Natur, können uns helfen, auch uns Menschen aus der Neuzeit.

Ein weiteres spannendes Thema, das ich dir nicht vorenthalten möchte, weil ich selbst sehr gute Erfahrungen damit gemacht habe, ist die Arbeit mit reinen therapeutischen ätherischen Ölen. Diese Öle enthalten besondere Bestandteile der Pflanzen, die durch Destillation gewonnen werden. Das hat nichts mit einer Schnapsbrennerei zu tun, doch wenn dir das Bild gefällt, warum nicht. Ätherische Öle sind hochkonzentriert und haben ein sehr breites Anwendungsspektrum. Es gibt unter anderem Öle, genauer Ölmischungen, die uns dabei unterstützen, mehr Mut zu fassen, mehr an uns zu glauben, mehr in unserer Mitte zu sein, mehr Freude zu empfinden, Stress abzuschütteln und es gibt auch Öle, die dich beim Abnehmen unterstützen, wie z. B. Grapefruit, Mandarine, Zitrone, Grüne Minze, Pfefferminz, Ocoteo und Zimt. Das erreichen die Öle dadurch, dass wir uns mit ihnen umgeben, an ihnen riechen und sie auf unsere Haut auftragen. Ganz einfach. Das

Tolle an der Sache ist, unsere Nase ist direkt mit unserem limbischen System im Gehirn verbunden. Dein limbisches System verwaltet deine Emotionen, sorgt auch für dein Gedächtnis, kümmert sich um deinen Antrieb und hier wird auch die Ausschüttung deiner Glückshormone veranlasst. Die ätherischen Öle wirken direkt auf dein limbisches System ein und sorgen vor Ort für mehr Wohlbefinden. Dieses Thema ist sehr interessant, unendlich hilfreich und kann unser Leben echt vereinfachen. Nun hast du zugleich erfahren, für welches Thema ich, ergänzend zum Schreiben und der Persönlichkeitsentwicklung der Menschen, noch so richtig brenne.

Tag N

Nichts tun!

Nichts tun heißt nicht wirklich zu 100 %, nichts zu tun. Sondern eher in Ruhe einmal zu beobachten, was rund um deinen Körper alles passiert. Du hast nun schon so einiges gelesen und immer noch geht es darum, deine Kilos weniger werden zu lassen. Deine Gedanken kreisen bestimmt schon um das ein oder andere Thema und dein Leben beginnt, sich allmählich zu verändern.

An dieser Stelle ist es sehr wichtig, dass du auch Momente einbaust, in denen du so tust, als tust du nichts. Denn auch wenn du dich in Ruhe hinsetzt, machst du ja etwas. Das Schlüsselwort lautet an dieser Stelle: Gelassenheit. Nutze einfach so viele Momente wie möglich dazu, dir Gelassenheit ins Leben zu holen. Im besten Fall bei allen Dingen, die du tust.

Dein Körper will mit dir zusammen an eurem Ziel ankommen, da kannst du dir sicher sein. Nur wenn du ihn wieder und wieder übergehst, kann es sein, dass er mehr als beleidigt ist. Er schiebt dir dann ein absolut dringendes Bedürfnis nach einem überdimensionierten Essen in den Weg und anschließend gleich dein schlechtes Gewissen hinterher. Das kann ganz leicht passieren, wenn du nicht achtsam mit dir umgehst.

Sicher ist dir das Wort „Achtsamkeit" in der letzten Zeit häufiger um die Ohren geflogen. Aktuell ist es in aller Munde. Wir haben genau das schlichtweg vergessen, eben achtsam mit uns umzugehen. Wobei ich auch an dieser Stelle keine Wissenschaft daraus machen möchte. Jeder von uns weiß tief im Inneren, was für ihn gut ist und was nicht. Bitte halte immer wieder an, drück die Stopp-Taste und mach einfach mal fast gar nichts. Gib dir etwas Zeit, auch wenn es nur 5 Minuten sind. Sei es eine etwas längere Pause bei der Kaffeemaschine oder wenn du bei der roten Ampel einfach mal als Fußgänger wirklich stehen bleibst oder wenn du dich an der Kasse bei der längsten Schlange anstellst und wartest, tief einatmest und bei dir ankommst.

Dazu gehört auch, dass du am Abend, wenn du im Bett liegst, deine Hände einfach einmal auf dein Herz legst oder sie faltest. Auch für die weniger Gläubigen unter uns ist dies eine sehr schöne Geste. Wenn wir unsere Hände schließen, schließen wir nämlich zugleich unsere inneren Kreise. Deine Hände sind jede Sekunde des Tages so sehr beschäftigt, dass sie nur sehr selten zur Ruhe kommen können.

Wenn ich meine Hände zusammengefaltet habe, stelle ich mir immer vor, wie meine Gehirnhälften sich durch kreisende Bewegungen wieder aufeinander einstellen. Dies geht natürlich nur, wenn die Hände symbolisch gesehen den Kreislauf der zwei Körperhälften wieder schließen.

An dieser Stelle wünsche ich dir heute einen schönen Abend, an dem du mit deinen eigenen Händen deine Körperhälften wieder vereinst.

Tag 0

Liebe und liebe dich selbst!

O ja, auch dieses Buch kommt nicht ohne die Liebe aus. Es kommt wohl keiner ohne die Liebe aus, besonders nicht ohne die Liebe zu einem selbst. Was hat das eine mit dem anderen zu tun?

Wie wäre es damit? Wenn du deinem Körper so viele Kilos zu viel zugemutet hast, dann kann man davon ausgehen, dass euer Liebesverhältnis nicht gerade sehr ausgeglichen ist. Oder würdest du jemanden, den du liebst, täglich so viel zusätzliche Last tragen lassen? Wohl kaum. Daher komme ich zu der Annahme, ihr beide, du und dein Körper, könnt noch eine große Portion an Liebe vertragen.

Wie kommt ihr beide nun in diesen Genuss?

Eine Möglichkeit hast du schon gelesen, und zwar am ersten Tag, Tag A.

Es ist, wie es ist und das ist schon einmal der Beginn eurer neuen Freundschaft. Ganz ohne Wertung beginnt ihr beide eure neue Beziehung und ganz ohne Vorurteile starten eure neuen Gespräche, wobei jeder dem anderen zuhört.

Eine weitere Möglichkeit kennst du auch schon.

Sie nennt sich Wertschätzung. Ohne deinen Körper gibt es dich nicht und damit bist du, so gesehen, nichts ohne deinen Körper. Wenn du diesen nun durch ständiges Essen quälst, dann hat das nicht wirklich etwas mit Wertschätzung zu tun. Auch wenn du glaubst, er möchte dies so haben, denn schließlich signalisiert er dir ja ständig, er will dies essen, jenes trinken und schon wieder etwas verputzen.

Dir ist gewiss die Formulierung „mein Schatz" geläufig und genauso kannst du deinen Körper bezeichnen. Genauso wertvoll ist er für dich. Wie dein ganz persönlicher größter Schatz.

Ich finde, es ist an der Zeit, dass wir alle Bereiche in unserem Körper miteinander verbinden, weil eigentlich machen wir im Inneren nichts anderes, als wir im Außen zu sehen bekommen.

Wenn wir uns selbst bekriegen, wenn wir uns x Diäten auferlegen, Fressattacken zulassen und unseren Körper ablehnen, dann, so nehme ich an, haben wir große Mühe im Außen, liebevoll zu unseren Nachbarn, Mitmenschen und zu Fremden zu sein.

Das Thema „liebe dich selbst erst einmal" hat eine sehr große Bedeutung, auch für deinen Erfolg beim Abnehmen. Alle Diäten, die Abneigung, Zwänge, Kontrolle, Verbote, Bevormundung, Bedrohung, Ermahnung und Ähnliches beinhalten, haben das Problem, dass sie aus der Angst heraus agieren oder sich dieser bedienen. Doch wie willst du deinem Körper klarmachen, dass er sich dir und deinem neuen Projekt vollkommen hingeben soll, wenn du ihm die Angstkarotte vorhältst? Wer will die schon jeden Tag sehen, geschweige denn danach greifen. Wenn dein Körper da „nein danke" sagt, kannst du ihm das nicht übel nehmen. Du würdest wohl genauso entscheiden.

Was könnte jedoch passieren, wenn die Karotte Liebe beinhaltet? Wenn all deine Bemühungen aus der Liebe heraus entstehen? Rein vom Gefühl her kann ich mir gut vorstellen, dass sich dein Körper sehr dafür interessiert und gerne auf diesem Weg weitergehen möchte.

Was meinst du?

Machen wir einen Vergleich. Wenn deine Partnerin oder dein Partner dir vorschlägt, mit ihr eine gemeinsame Reise zu unternehmen und die ersten Worte lauten „aber ich weiß nicht, ob wir es überleben", würdest du dich dann auf diese Reise freuen?

Im Gegensatz dazu, wenn sie (er) sagt „diese Reise wird wunderschön, voller Liebe und Harmonie, so etwas hast du noch nie erlebt"! Wie würdest du dann reagieren?

An dieser Stelle folgt nun meine schon öfter angedeutete Lieblingsübung ganz ausführlich, ganz nach dem Motto, was sein muss, darf sein.

Lege bitte deine Hände auf dein Herz und lass sie dort für mindestens 5 Minuten, besser sind 10 oder 15 Minuten, verweilen.

Wenn du einschläfst, kein Problem, wiederhole diese Übung einfach immer wieder. Wenn deine Hände dort so liegen, fühle dich direkt in dein Herz hinein.

Was will es dir sagen?
Wie fühlt es sich an?
Welche Antwort hält es für dich parat?
Was wünscht es sich von dir?

Wenn in den ersten Minuten ein beengendes Gefühl oder Trauer hochkommen, dann lass bitte deine Hände unbedingt auf deinem Herzen liegen, so lange bis deine Gefühle wieder harmonieren.

Diese Übung kann dich ganz dicht an deine Liebe heranführen, unterschätze sie daher bitte nicht.

Was will dir dein Herz wirklich sagen?

....

....

....

....

....

Tag P

Pause, was ist das?

Genau, was ist das, eine Pause?

Da wir gerade bei deinem Herz waren, willst du, dass es mal hier, mal dort still steht? Einfach mal so, weil es eben Pausenzeit ist. Sicher nicht.

Also warum machst du dann Pausen? Dein Körper arbeitet 24 Stunden, 7 Tage die Woche und wir Menschen als solches brauchen x Pausen am Tag.

So funktioniert das Leben nicht. Sicher, es gibt Zeiten, wo wir uns ausruhen, wo wir einen Gang runterschalten, wo wir uns wieder sammeln, aber Pause machen, so wie bei einem Spielfilm, Pause und alles steht still, das gibt es in unserem Leben nicht.

Dessen darfst du dir auch beim Abnehmen bewusst sein. Eine echte Pause gibt es hier nicht.

Immer, wenn du eine Pause einlegst, wenn all das, was du bis hierher erfahren hast, pausiert, musst du erneut und von null starten. Alle Aktivitäten, die du bis jetzt ausgeführt hast, sind stillgelegt und ruhen. Wenn du dann wieder loslegen willst, musst du den ganzen Apparat erst einmal wieder starten, aufwärmen, um irgendwann wieder dort anzukommen, wo du aufgehört hast.

Kurz gesagt, effizient ist etwas anderes. Zumal, welcher Teil in dir soll das schon toll finden?

Das ist wie die Geschichte von demjenigen, der den Stein immer wieder den Berg hinaufschiebt und wenn er dann bei der Abfahrt richtig viel Schwung bekommt, eine Vollbremsung hinlegt, um den Stein ruhen zu lassen und um ihn dann wieder den Berg hinaufzuschieben.

Wie gesagt, effizient ist das nicht. Klar, du kannst dich auch hier dafür entscheiden, doch lustig ist es auch nicht wirklich und ich wette mit dir, über kurz oder lang gibst du auf. Das würde ich wohl auch tun, schließlich ist das Leben zu kurz, um dauernd Steine den Berg hochzuwuchten.

Was kannst du nun anders machen?

Einfach am Ball bleiben. Da fällt mir gleich noch ein Bild ein. Jeder von uns wird leicht erregt, wenn beim Fußball immer wieder der Ball ruht, denn schließlich schauen wir keinen Fußball, um einen unbewegten Ball anzustarren, sofern wir überhaupt Fußball schauen.

Zurück zur Pause. Spiel einfach immer weiter, auch wenn du vielleicht mal nur mit 20, 30 Prozent herumtribbelst, aber spiel weiter, bleib am Ball. Hab immer dein Ziel vor der Nase, und wenn nicht sichtbar, dann aber glasklar vor deinem inneren Auge.

Deine Vision muss dich wie ein Tattoo auf deiner Haut begleiten.

An dieser Stelle, Tattoos sind ja in. Eine kleine Erinnerung oder ein Hinweis als Unterstützung direkt auf deinem Körper, gerade dann, wenn du schon einige Motive gesammelt hast, kann nicht schaden. Das ist dann wirklich eine sehr direkte und eingebrannte Motivation. Im wahrsten Sinne des Wortes kommst du nicht mehr drum herum und kannst auch nicht mehr aus deinem Projekt aussteigen. Du kannst dich zwar irgendwie herausreden, doch wegwischen kannst du es nicht. Dies ist jedoch nur eine Idee.

Tag Q

Mit Quatsch, Freude und Spaß zur Strategie!

Genau, Quatsch ist das, wenn du keine Tattoos magst, aber Spaß und Freude brauchen wir dennoch in deinem Leben. Wir Erwachsenen sind ja oft echt verwachsen und wenn wir eines nicht mehr richtig können, dann ist es Spaß haben. Das betrifft natürlich nicht alle, doch einen viel zu großen Teil von uns. Bestimmt kannst auch du noch mehr Spaß in deinem Leben gebrauchen oder lachst du häufig und findest dich selbst lustig?

Du magst mir nun vielleicht antworten, gerade wenn du eher konservativ bist, das ist nichts für mich und ich antworte dir dann, aber sicher, und zwar mehr, als du dir vorstellen kannst.

Schau dir z. B. Gott an! Wenn er auf unsere Erde blickt, wie viel Humor muss er wohl haben, um nicht jeden Tag in eine komplette Depression zu verfallen?

Daher finde ich, auch wir dürfen mehr lachen und uns vor allem nicht so wichtig nehmen. Auch wenn wir, wie ich es an Tag I beschrieben habe, sehr wichtig in unseren Kreisen sind, sind wir jedoch, im

Vergleich mit dem Universum, weniger bedeutend, egal welchen Status wir haben.

Gestalte dir lieber jeden Tag so spaßig wie nur möglich. Dreh das Radio auf, stopf dir Musik in deine Ohren, sing mit, egal wie, lauf mal komisch und rückwärts, lächle mehr und bring andere zum Lachen.

Lebe in Freude und mach dir einen Spaß daraus abzunehmen. Lach über dich selbst, freue dich über jedes Kilo, das du verabschiedet hast und feiere dich selbst, immer wieder aufs Neue.

Du kennst sicher die verschiedenen Etappen beim Abnehmen. Von hoch motiviert bis total entnervt und schlecht gelaunt, weil man endlich will, dass diese Diät wieder ein Ende hat. Hier kannst du all das überspringen, kannst dich frei entscheiden, kannst deine ganz eigene Strategie entwerfen und dabei darfst du auch noch Spaß haben.

Daher nun mal Klartext.

Wie sieht sie aus, deine persönliche Strategie?

Welche Dinge funktionieren bei dir?
Auf was reagiert dein Körper am besten?
Bei was empfindet er Spaß und welche Dinge können dich beim Abnehmen unterstützen?

- Ist es das schlichte weniger essen?
- Ist es gesünderes Essen?
- Ist es mehr Bewegung?
- Ist es, dass du dich an gewisse Essenszeiten hältst?
- Bekommen dir 3 oder 5 Mahlzeiten besser?
- Braucht dein Körper somit wenige normale Portionen statt 5 oder mehr kleinere?
- Möchte dein Körper vielleicht ganz bewusste Kurtage, an denen du ein besonderes Essen zu dir nimmst und dich dann verstärkt um deinen Körper kümmerst?

Was es auch ist, überlege bitte einmal, welche deiner Experimente dir was gebracht haben und ob es vielleicht einen vernünftigen Kern gibt, den du entspannt in deinem Alltag umsetzen kannst.

Mal zum Vergleich, ich bin z. B. darauf gekommen, dass es mir nicht guttut, wenn ich morgens schon sehr viel esse. Diese kleine Veränderung wirkt sich, wenn ich sie beachte, positiv auf meinen ganzen Tag aus.

Als Ernährungsberaterin dürfte ich das wohl nicht schreiben, wenn es nach Diät xyz geht, doch vielleicht sind es auch bei dir gerade die Dinge, die wir eigentlich unterlassen sollten.

Die Hauptsache ist, dass dir deine Strategie guttut, dir leichtfällt und dein Körper es einfach umsetzen kann.

Wie im Business ist auch hier eine klare und einfache Strategie viel effektiver als ein 3 Seiten langer DIN A4-Bericht. Formuliere daher maximal 5 Punkte, so genau und knapp wie möglich.

Wenn du 10 sec. Zeit bekommst, muss dies ausreichen, um mir oder einer anderen Person deine Strategie zu erklären.

Wie sieht deine Strategie aus?

1) ....
2) ....
3) ....
4) ....
5) ....

Wenn du deine Strategie vor dir liegen hast, lass sie eine Weile ruhen und schau sie dir noch einmal an.

Wenn alles passt, sehr gut, wenn noch nicht ganz, dann feile noch einmal etwas nach.

Stell dich bitte dann wieder vor deinen Spiegel – das ist wichtig, weil du dir dabei in die Augen schauen musst –und sag dir deine Strategie laut vor.

Erstens, zweitens, drittens … und noch einmal das Ganze. Ruhig 10-mal hintereinander und das die nächsten 3-4 Wochen lang.

Man sagt, dass unser Gehirn nach rund 3 Wochen erst so richtig verstanden hat, was wir ihm sagen wollen.

Auch wenn unser Kopf ein echtes Meisterwerk ist, braucht er an dieser Stelle viele Wiederholungen.

Also, auf was wartest du noch? Los geht's!

Tag R

Respekt

Dieses Wort kann man so betonen, dass es Anerkennung bedeutet oder eher Verachtung, weil genau das fehlt, nämlich der Respekt. Ich möchte mich gerne beiden Seiten widmen.

Zuerst einmal habe ich großen Respekt vor dem, was du hier tust. Es gibt, wie du weißt, auch sehr viele, die nicht den Mut haben, sich all dem zu stellen. Auch wenn du vielleicht noch nicht allen Tagesthemen etwas abgewinnen konntest, du warst mutig, hast dir dieses Buch besorgt und liest nun darin. Ob du nun willst oder nicht, die Wörter breiten sich gerade in dir aus. Manche werden aussortiert, dies sind meist jene, die für dich im Moment noch nicht relevant sind oder solche, die dich aktuell noch überstrapazieren. Dieser eingebaute Filter in unserem Gehirn funktioniert sehr gut.

Wo du derzeit auch stehen magst, ich habe tiefen Respekt vor deinem Weg und vor deinen Taten.

Die andere Seite, der respektvolle Umgang mit dir und deiner Umgebung, folgt nun.

Bitte gehe mit dir voller Respekt um. Es bringt dir gar keine extra Punkte, wenn du dich abwertest oder dich selbst beleidigst.

Ganz im Gegenteil. Das Ergebnis ist oft eine prompte Bestrafung für dich ganz persönlich, und zwar direkt von deinem Körper. Er wählt dann z. B. zwischen einem unendlichen Heißhunger oder wenn du ganz besonders respektlos warst, wird dein Körper auch gern einmal krank oder zeigt dir durch andere Einschränkungen, wer hier auf dem längeren Ast sitzt. Schon sind wir wieder beim Thema Selbstliebe angekommen. Wie immer dreht sich auch hier alles um die Liebe. Ja, das Leben ist eigentlich so einfach.

Somit werfe bitte alle Vorschläge weit über Bord, die dir erzählen, was du essen musst. Es gibt nur eines, und das ist ein respektvoller Umgang mit deinem Körper. Dein Körper wird dich zu dem Essen hinleiten, das er benötigt und er wird dir Blähungen, Bauchschmerzen und Antriebslosigkeit servieren, wenn du ihm zu viel oder einfach das gibst, was vielleicht deine Augen wollen, aber dein Körper nicht.

Wenn du mir nicht glaubst, probiere einmal folgenden, nicht wissenschaftlich bewiesenen Test aus.

Schließ deine Augen und lass eine andere Person vor dir Obst, Süßigkeiten, Fleisch und Brot ausbreiten. Mit geschlossenen Augen lässt du deine Hand über die Speisen schweben und dann greifst du spontan nach etwas. Das, was sich dann in deiner

Hand befindet, mag dein Körper gerne haben.

Wenn du dies ausprobieren magst und sich gerade niemand in deiner Nähe befindet, dann versuche so ehrlich wie möglich, die Dinge mit geschlossenen Augen vor dich hinzulegen, gehe mit geschlossenen Augen ein Stück zurück, dreh dich im Kreis, denke bewusst an was anderes, beweg dich dann wieder auf das Essen zu und greife nach etwas.

Schau dir deine Wahl genau an und ordne sie für dich richtig ein. Wenn du z. B. nach dem Obst greifst, dann frage dich ehrlich, ob du genug davon isst. Wenn du z. B. nach dem Fleisch greifst, frage dich bitte ebenso, gerade wenn du eigentlich schon viel Fleisch isst, ob die Qualität, die du aktuell einkaufst, die richtige ist. Nimm deine Wahl als Indiz und schau zugleich auch dahinter. Süßigkeiten signalisieren nämlich auch einen Mangel an Liebe.

Natürlich sei auch immer so respektvoll dir gegenüber und frage dich, ob du gerade wirklich Hunger hast, wenn du dich in Richtung Kühlschrank auf den Weg machen möchtest.

Was ist es wirklich, das dich aufstehen lässt?

Wir geben nämlich unserer Versuchung echt sehr viel Macht. Doch das ist nicht fair unserem Körper gegenüber, denn nicht unsere Versuchung badet es hinterher aus, sondern unsere Leber, unser Darm, eben der ganze Körper.

Respektiere deine Versuchung, sie ist sehr wichtig, denn ohne sie wäre unser Leben nur halb so lustig. Doch wenn sie anfängt, uns dauerhaft zu schaden, ist es an der Zeit, sie respektvoll in ihre Schranken zu weisen. Wie du ja noch weißt, hast du dich entschieden, diesen Weg bis zum Schluss zu gehen und dem darf sich deine Versuchung auch gerne anpassen. Wenn sie dies verstanden hat und dir ein guter Freund geworden ist, wird dir deine Versuchung sogar die Bewegung schmackhaft machen. Schließlich kann sie, genauso wie du, in alle Richtungen agieren.

Ein letzter Bereich, den ich noch ansprechen möchte, ist dein Respekt deiner Umgebung gegenüber.

Ich wünsche mir für dich einen respektvollen Umgang mit all denjenigen, die dort stehen bleiben wollen, wo sie sich gerade befinden. Die sich nicht verändern und somit auch nicht abnehmen wollen.

Das beinhaltet auch, vor all denjenigen Respekt zu haben, die einen anderen Weg wählen. Die mit Crash-Diäten loslegen, die dich vielleicht heute noch belächeln, die sagen, das bringt doch alles nichts, mach was anderes oder mach was Vernünftiges. Bitte begegne ihnen würdevoll und sei dir gewiss, entscheidend ist nicht das Heute oder das Morgen. Entscheidend ist der Tag, wenn du an deinem Ziel angekommen bist. Und das wirst du, denn du respektierst dich und dein Leben! Dieser Weg bringt dich zum Ziel und nirgendwo anders hin!

Tag S

Stress lass nach

Für deinen Körper bedeutet all das erst einmal
Stress pur. Er muss sich umstellen und er muss alte
Gewohnheiten neu überdenken. Er muss dich neu
definieren und dir eine andere Programmierung verpassen. Das da Stress aufkommen kann, ist ganz normal. Stell dir vor, was es für deinen Körper bedeutet,
eine Handlung, die du 10000-mal durchgeführt hast,
durch eine Tat zu ersetzen, die du vielleicht gerade
einmal zum 20. Mal durchlebst. Wie z. B. einfach
einen Teil auf dem Teller liegen zu lassen, weil du
eben schon total satt bist.

Das ist Stress.

Deine ausgefahrenen Gehirnbahnen müssen verlassen und neue Straßen, mit neuen Routinen, er-
baut werden. Selbst einen großen Baumeister kann
das ins Schwitzen bringen.

Was du an dieser Stelle am wenigsten brauchst,
sind Nerven, die blank liegen und ich kann mir gut
vorstellen, dass sie es manchmal tun, besonders
dann, wenn die großen täglichen Erfolge ausbleiben. Es wird vielleicht manchmal sogar so aussehen,

als wenn du Rückschritte machst. Doch solange du auf deinem Weg bleibst, deine neuen Bahnen mit deinen neuen Handlungen ausbaust, solange wirst du dich deinem Ziel nähern.

Unterschätz zu keiner Zeit, wie wichtig die kleinen Schritte sind, die du jeden Tag gehst. Und wenn der große Stress über dich hereinbrechen will, sag ganz laut: Stopp, bis hierher und nicht weiter.

Ansteigender Stress und erhöhter innerer Druck sind alles nur Anzeichen dafür, dass wir uns selbst eigentlich sagen wollen, es ist nicht genug. Es reicht noch nicht, wir kommen nicht schnell genug vorwärts und überhaupt macht das alles wenig Sinn.

Stopp, halt, gebe diesen Stimmen nicht die Macht über dich. Sie wollen dich nur testen, wie ernst es dir mit all dem hier ist. Eigentlich sind diese Stimmen wohl so etwas wie dein ganz persönlicher Trainer. Nur seine Mittel sind bisweilen sehr unbeliebt.

Wenn es dir gelingt, diese Stimmen zu überzeugen, dass du es schaffen kannst, wenn du sie anlächelst und ihnen freundlich sagst, und ob, ich schaffe es, dann halte dich lieber fest, bevor du endgültig abhebst.

Dann kann dich nichts mehr von deinem Ziel abbringen und du wirst schneller dein gewünschtes Gewicht erreichen, als du dir je erträumt hast. Dazu musst du jedoch kein hartes oder eisernes Herz bekommen. Ganz im Gegenteil. Du kannst dein Herz weich lassen. Kannst deinem Körper mit Liebe begegnen und deinen Kopf streicheln und sagen: „Schön, dass du mich herausforderst, denn ich weiß, gemeinsam schaffen wir das."

Wenn du an dem Punkt ankommst, wo du die Zügel etwas zu locker lässt und dein Stresspegel ansteigt, dann sag deinem Körper bitte auch an dieser Stelle, danke!

Dein Stress wirkt in beiden Fällen wie ein Begrenzungsband, welches dich immer wieder auf deine innere Bahn schubst, wenn du zu sehr nach links oder rechts abgedriftet bist. Es gibt zudem eine Begrenzung, die dich von hinten anschiebt, doch glücklicherweise ist dein Weg nach vorne frei.

Somit, freie Fahrt voraus.

Wichtig ist, immer schön locker bleiben!

Viele von uns neigen gerade unter hoher Stressbelastung dazu, den Stress mit Essen zu kompensieren. Meist in der Form, dass sie zu hastig und zu viel essen. Sie merken nicht einmal, wie gestresst ihr Körper gerade ist.

Versuche bitte dem standzuhalten. Geh einen Schritt zurück, beobachte die Situation, dich selbst und realisiere, was hier gerade los ist.

Wenn du nicht standhältst, erhöht sich am Ende der Druck nur noch mehr und das ganze Spielchen geht von vorne los. Zudem kosten dich diese Schleifen sehr viel Energie, Motivation und Hoffnung. Alles Dinge, die du für dein Projekt brauchst und welche du dir wieder mühselig zurückerarbeiten darfst.

Sei vielmehr clever und lass es ganz einfach!

Unterbrich den Kreislauf. Such dir eine alternative Beschäftigung, etwas, was dich ablenkt. Und noch einmal, die einfachste und leichteste Lösung ist, ein nicht weiterbringendes Verhalten einfach zu unterlassen.

Es gab einen Moment in meinem Leben, da sagte mir eine Bekannte genau diesen Satz:

Lass es einfach!

Und auch wenn ich selbst sehr gut wusste, dass es das Beste gewesen wäre, eine bestimmte Handlung einfach zu unterlassen, tat ich es nicht. Bis zu dem Tag, wo sie mir sagte, hör einfach auf damit.

Daher gebe ich diesen Satz heute an dich weiter!

Womit hörst du ab jetzt auf? Ernsthaft und mit einem riesengroßen Stoppzeichen!

....

....

....

....

....

....

....

....

....

....

Tag T

Trost finden

Es gibt so gesehen keinen richtigen Trost. Alles, was du erleben wirst, wird einen Grund haben. Aus jeder Situation wirst du etwas mitnehmen können. Erfahrungen, die du im ersten Moment total bescheiden findest, können dir später weiterhelfen. Wie oft machen Menschen, die etwas Ungewöhnliches, oft auch Negatives erfahren haben, später daraus eine tolle Geschäftsidee. Zugleich meine ich nicht, es gibt hier keinen Trost für dich. Doch ich möchte Trost nicht mit Mitleid verwechseln.

Mitleid bringt dich nicht weiter, es drückt dich nur runter auf den Boden, dort wo du nicht hingehörst und auch nicht landen sollst. Sicher, viele wollen nicht mit dir tauschen, erst wenn du an deinem Ziel angekommen bist. Dann schreien auf einmal alle nach dir und wollen in deiner Nähe sein. Deinen Weg dorthin wird man leicht vergessen und erst wenn du erfolgreich deine Kilos losgeworden bist, schmieren sie dir Honig um den Mund. Auch dafür möchte ich dir an dieser Stelle Trost spenden, denn manchmal kann dies sehr unangenehm wirken. Lass dich davon nicht verunsichern, weder heute noch in ein paar Wochen oder Monaten. Einfach nie. Dies sind die Probleme der anderen und das dürfen sie auch gerne bleiben.

Ich weiß, du gibst dein Bestes und dafür darfst du dir immer wieder auf deine Schultern klopfen.

In den Zeiten, in denen dein Kopf etwas herunterhängt, weil dein Körper dich an deine Grenzen zu bringen scheint, in diesen Momenten denke an diese Zeilen und stell dir vor, wie ich sie dir geschrieben habe. Da ja alles miteinander verbunden ist und diese Verbindung keine zeitliche Begrenzung kennt, sind auch meine trostspendenden Gedanken mit dir verbunden.

Wenn sich liebe Menschen in deiner Nähe befinden, dann bitte sie, dir einmal nur zuzuhören. Ohne dass sie dich bemitleiden und ohne dass sie dir Ratschläge geben. Er oder sie soll dir einfach nur kurz zuhören und wenn du alles berichtet hast, dann wirst du merken, dass du dich schon viel leichter fühlst und dass es auch gar nicht so schlimm ist.

Dein Abnehmprojekt mag sich in manchen Momenten unangenehm anfühlen, doch das geht vorbei. Wenn du keinen Freund, Bekannten oder jemand aus deiner Familie damit beauftragen möchtest, dann kannst du deine Gedanken auch aufschreiben. Schreib sie dir einfach von der Seele. Abschließend kannst du sie dann verbrennen und sie so zu Rauch und Asche werden lassen. Puff und weg sind sie.

Einige aufmunternde Wörter, an dich selbst gerichtet, wie ich sie weiter vorne genannt habe, werden ebenfalls sehr hilfreich sein. Affirmationen oder Mantras wie

Mir geht es ausgezeichnet!
Ich bin sehr zufrieden mit mir!
Ich bin stolz auf mich!

können dich wieder in die richtigen Bahnen lenken.

Wenn die Momente öfter auftauchen, an denen du an dir zweifelst, dann stell dich ihnen. Lass dich einmal voll und ganz in deine negativen Gedanken fallen und erforsche, woher sie kommen und was sie dir eigentlich sagen wollen.

Welche Glaubenssätze*, die du noch einprogrammiert hast, zeigen sich da an deiner Oberfläche? Lass dich fallen, dir wird nichts passieren. Du bist stärker als deine Gedanken und du kannst das Ruder zu jeder Zeit wieder herumreißen, wenn du es in die Hand nimmst.

Abrundend, finde Trost bei Menschen, in diesen Zeilen, wann immer du es brauchst und finde eine Methode, wie du deinen Kopf immer schön oberhalb der Wasseroberfläche lässt.

Du siehst, Ratschläge über Ratschläge, doch die wahre Antwort und der beste Umgang mit dir selbst, den kennst nur du. Finde und greif nach ihm! Meist liegt er genau vor deinen Füßen oder wedelt direkt vor deiner Nase.

Deine trostspendenden Wörter
direkt von dir – für dich!

....

....

....

....

....

....

....

....

....

....

....

....

....

Glaubenssätze* sind Sätze, an die du glaubst und welche aus deinem Unterbewusstsein an die Oberfläche kommen. Glaubenssätze sind dann schädlich, wenn sie negativ besetzt sind, wie z. B. „ich kann das nicht" oder noch schlimmer: „weil ich ... bin, kann ich das nicht". Diese Sätze gilt es aufzudecken und z. B. mit Affirmationen umzugestalten in: „ich kann/schaffe das" oder „weil ich ein toller Mensch bin, kann/schaffe ich das".

Tag U

Untersuchungen

Wenn du dir heute Blut abnehmen lässt oder dich einem anderen Test unterziehst, dann ist dies eine momentane Bestandsaufnahme deines Körpers.

Wenn bei dir ein Mangel (z. B. Mineralstoffmangel) oder schlechte Fett- oder Leberwerte festgestellt werden, dann bleibe bitte erst einmal ruhig und vor allem bleib bei dir. Gewiss, du musst dich dieser Tatsache stellen, doch es ist wichtig, dass du deinen Weg findest. Nun gleich 10 Pulver und 10 verschiedene Tabletten einzunehmen ist kein normaler Weg. Auch übergibst du die Verantwortung diesen Mitteln und Wirkstoffen. Wenn deine Ernährung die gleiche bleibt und du sie nur durch bunte Mittel – in welcher Form auch immer – ausschmückst, ist dies eine Vertuschung der Tatsachen. Wenn auf deinem Teller weiterhin täglich große Mengen von unangebrachten Lebensmitteln landen, dann ist die Pille danach nur ein Schmuckstück, welches du meist teuer einkaufst.

Als Ernährungswissenschaftlerin empfehle ich dir auch, entgegen vieler Meinungen, lass dich bitte nicht stressen von irgendwelchen Ernährungsvorgaben. Ich bin mir nicht sicher, ob ich überhaupt jemanden kenne, der diese ganzen Leitlinien an jedem Tag, 365 Tage im Jahr, einhält.

Nimm lieber deinen Kopf in die Hand, finde zusammen mit deinem Herzen und ohne dein Verlangen einen Weg, der sich für dich gut anfühlt. Natürlich darfst du dabei auch an die Tiere und die Natur dieser Welt denken.

Eine zu große egoistische Haltung, die wir leider viel zu oft an den Tag legen, spiegelt sich gerne in den oben genannten Untersuchungsergebnissen wider. Und das ist schon sehr paradox. Unser Ego und unser Verlangen sind so mit sich selbst beschäftigt, dass wir nicht einmal merken, wie wir uns damit schaden.

Wie denkst du darüber?

Wo bist du vielleicht etwas zu egoistisch und schädigst dich damit eigentlich nur?

....

....

....

....

....

....

Abrundend zum Thema Untersuchungsergebnisse:

Vergiss bitte nicht, das Leben ist wie ein Bumerang und alles fällt dir irgendwann auf deine Füße zurück. Meist bekommst du vom Leben erst eine kleine Lektion und wenn du nicht hören und hinsehen willst, dann kommt die nächste Stufe. Die letzte Stufe ist der überraschende Tod, welcher sich immer wieder unter unsere Reihen mischt. Du kannst den Tod nicht austricksen, doch du kannst dein Verhalten überdenken, es ändern und so um eine Verlängerung, um mehr Zeit, bitten.

Zitat:

**Sieh und deute die Zeichen,
die an deinem Wegesrand stehen.**

Tag V

Vertrauen in dich selbst!

Endlich kommen wir zu diesem Thema, dein Vertrauen in dich selbst.

Wie sieht es damit aus?

Mal ganz, ganz ehrlich.

Wenn du dir nicht vertraust, wer soll es dann tun?

Wir suchen oft ein Leben lang nach irgendetwas, was uns Vertrauen schenken soll. Oft projizieren wir unser Nicht-Vertrauen auf andere, verlangen aber dann, dass sie uns absolut vertrauen, obwohl wir das doch noch nicht einmal selbst zu 100 % tun. Wenn du nämlich deinem Körper vertrauen würdest, würdest du dieses Buch gar nicht lesen. Wenn wir Vertrauen hätten, würden ganze Industriezweige wegbrechen, somit hat das aus einer rein wirtschaftlichen Hinsicht auch etwas Gutes. Dennoch, mehr Vertrauen in dich lässt dich freier werden.

Was hat nun schon wieder frei sein
mit abnehmen zu tun?

Wenn du frei bist, wenn du auf die Kraft in dir vertraust, dann können die ganzen Verlockungen der Ernährungsindustrie nur so vor dir herumtanzen, das macht dir nichts aus. Du vertraust einfach darauf, dass du nicht verhungern, nicht verdursten wirst und dein Leben sich nicht in den Abgrund stürzen wird, wenn du deine Hand einfach mal nicht zum Kuchenstück greifen lässt. Auf der anderen Seite bedeutet dies aber auch, dass du darauf vertrauen kannst, dass ein Stück Kuchen, genossen in einer entspannten Atmosphäre, deine Hose nicht platzen lassen wird. Das kann dieses kleine Stück Kuchen gar nicht.

Ich möchte dich bei dieser Gelegenheit gerne herzlich einladen, dich so richtig auf deinen Körper einzulassen. Ja, sogar ein Spiel zwischen euch beiden entstehen zu lassen. Ohne Kampf, ohne Krieg und ohne Muss.

Einfach ein Spiel zwischen euch, wo ihr beide euch gemeinsam ins Ziel bringt. Sei wieder neugierig wie ein kleines Kind und erforsche deinen Geist und deinen Körper.

- Was passiert, wenn du das jetzt nicht isst?
- Wenn du dich mehr bewegst und wenn du sogar Freude beim Sport empfindest?
- Was passiert, wenn du und dein Körper einfach Spaß zusammen habt?

Wo wirst du deinem Körper mehr Vertrauen entgegenbringen?

....

....

....

....

....

....

....

Welches Spiel werdet ihr zusammen spielen? Wie soll es heißen?

....

....

....

....

....

....

....

....

Tag W

Warten!

Das Wort Warten kann ebenso wie das Wort Respekt zwei Interpretationen haben. Zum einen: warten wir es ab und zum anderen: das wirkliche Warten.

Zuerst möchte ich dir auch an dieser Stelle Mut machen und dir sagen, warten wir es ab. Du wirst schon sehen, was alles in dir steckt. Warten wir erst mal ab, bis du die Hälfte der Kilos losgelassen hast und warten wir erst einmal ab, bis dich nur noch 1 Kilo von deiner zuvor notierten Zahl trennt. Und wenn du diese Zeit abgewartet hast, dann kann ich dir versichern, du wirst über die Aussage – warten wir es einmal ab – sehr froh sein. Sie wird dich dein Leben lang begleiten und du wirst dich daran immer wieder gerne erinnern. Sogar ein breites Lächeln wird sich auf deinen Lippen ausbreiten.

Bis dahin musst du jedoch warten. Nicht tatenlos, das versteht sich, jedoch eine Form des Wartens wird es sein. Zaubern können die wenigsten von uns und zudem ist es sehr wichtig, dass du den ganzen Weg gehst, wie du weißt.

Halbe Sachen und Mogelpackungen lassen uns am

Ende nur noch mehr warten. Daher ist deine festgelegte Zeit am Anfang sehr wichtig. Wenn du dort ein Jahr notiert hast, dann heißt das auch, ein ganzes Jahr muss erst vergehen. Sonst hältst du dich nicht an die Abmachungen.

Wenn dich deine Kilos schon früher endgültig verlassen, ist dies natürlich sehr schön, doch auch in diesem Fall gib deinem Körper etwas Zeit, um sich an die neue Situation zu gewöhnen und stress ihn nicht, denn dein Gewicht ist bestimmt nicht in 6 Monaten zu dem geworden, was es heute ist.

Während du mit dem Warten beschäftigt bist, kannst du immer wieder Zwischenbilanzen ziehen. Natürlich keine mit einem Rotstift, sondern eher ganz entspannt und locker. Schau einfach mal genauer hin, was sich in den letzten Wochen, Monaten so alles getan hat. Schau hin, wie sich dein Körper verändert hat und frag ihn immer wieder, wie es ihm geht.

Du merkst schon, alles wiederholt sich und alles ist doch so einfach. Die große Kunst liegt nur darin, es zu tun.

Es gibt noch eine Technik, die ich sehr spannend finde und welche man auf alle Projekte anwenden kann.

Sie lautet, egal was auch kommen mag, lege dir einen Zeitraum fest, am besten mindestens drei Monate, und dann zieh es einfach mal durch. Ohne Wenn und Aber.

Zieh es einfach einmal drei Monate lang durch,

dass du weniger isst, dass du mehr Sport treibst oder dass du fast ausschließlich auf Alkohol verzichtest. Was kann im schlimmsten Fall passieren, ach ja, dass es dir besser geht und du Gewicht verlierst.

Das wäre natürlich echt blöd, wenn man vom Titel dieses Buches absieht.

Halte durch, egal welcher Sturm von links oder rechts daherkommen mag, du bleibst standfest. Eins kann ich dir jetzt schon versprechen. Nach den 3 oder 6 Monaten bist du nicht mehr der Gleiche und du wirst dir gründlich überlegen, ob du wieder deine alten Muster übernehmen willst oder nicht. Das würde auch gar keinen Sinn ergeben, denn schließlich wird es dir am Ende besser ergehen als zu Beginn.

Warte also die Zeit ab und vertraue auf deinen Körper.

Wie lange hältst du durch?

__ Wochen oder

__ Monate

Was wirst du in dieser Zeit tun?

....

....

....

....

....

....

....

....

Tag X

X Runden ohne Erfolg!

Ich wünschte, ich könnte dir diese x Runden ohne großen merkbaren Erfolg ersparen, schließlich sind wir selbst unser bester Kritiker.

Doch das kann ich leider nicht und wenn du Menschen beobachtest oder befragst, die dauerhaft viele Kilos abgenommen haben, werden sie dir alle das Gleiche sagen. Diese verflixten Tage, wo wir glauben, es passiert nichts, die wird es geben, bereite dich – wenn du es noch nicht getan hast – gut darauf vor. Lege dir eine Strategie zurecht, wie du in diesen Minuten reagierst, was du zu dir selbst sagst und vor allem, wie du wieder eins mit dir wirst.

Doch eines ist auch gewiss! Eine geglaubte erfolglose Runde, und noch eine, und noch eine, machen viele gemeinte erfolglose Runden. Wenn du diese dann einmal zusammennimmst und genau betrachtest, dann wirst du den Erfolg sehen.

Nehmen wir wieder ein Bild zur Hand, und zwar das von einem 100-Meter-Läufer. Wie viele Runden muss er laufen und dazu oft auch noch erfolglos. Da er die Zeit misst, sind seine erfolglosen Runden auch

noch knallhart sichtbar. Doch dieser Läufer weiß,
10 gelaufene Runden sind 10 gelaufene Runden.
Daran lässt sich nicht rütteln. Er wird jede Runde
brauchen, um dorthin zu kommen, wo er hinwill. Er
wird 100 Runden brauchen oder sogar 1000, doch
er wird sein Ziel erreichen und keine Runde war
dann, am Ziel, umsonst.

Jede Tat, jede Handlung, die du unternimmst, und sei sie aus deiner Sicht auch noch so unbedeutend und klein, wird dich deinem Wunschgewicht näher bringen. Ohne diese ganzen kleinen Taten näherst du dich deinem Ziel nicht an.

Also tu dir selbst einen riesengroßen Gefallen und schätze jeden Schritt, den du unternimmst. Alles ist wertvoll und so unendlich wichtig. Jeder Schokoriegel, der nicht in deinem Magen landet, ist unendlich wertvoll. Du hast auf ihn verzichtet und bist deinem Ziel wieder ein Stück näher gekommen.

———————◆———————

Welche deiner Handlungen, glaubst du, sind umsonst?

....

....

....

....

....

....

....

Sind sie das wirklich?

N_ _ _

Tag Y

Party on!

Endlich gibt es etwas zu feiern! Ganz genau genommen gibt es an jedem Tag, den wir erleben dürfen, etwas zu feiern. So auch bei dir. Schmeiß, wann immer du kannst, eine Party oder eine lustige, gesellige Runde und hab Spaß. Wenn es dir Freude bereitet, feiere jedes Gramm, das sich von dir verabschiedet. Natürlich ist es wenig unterstützend, wenn du bei jeder Feier mit Alkohol anstößt oder glaubst, dir ein 6-Gänge-Menü gönnen zu müssen.

Wir haben verlernt, einfach nur so zu feiern. Ohne all diesen Kram, der uns nicht guttut und in deinem Falle, der dich wieder von deinem Ziel entfernt.

Feiern kann auch einfach bedeuten, loszutanzen, abzurocken und sich über sich selbst zu freuen. Das Gefühl von Freude entsteht in uns selbst, denn wir sitzen am Drücker. Wir können ihn ständig auf Nein gestellt lassen oder ihn einfach mal regelmäßig auf Grün, auf On, auf Party umlegen. Wie immer ist es auch hier eine Entscheidung.

Und dass wir zum Feiern komische Hilfsmittel

brauchen, ist für mich eine Erfindung unserer Gesellschaft. Früher, wenn die Menschen um ihr Lagerfeuer tanzten, herumsprangen und feierten, also ganz früher, gab es auch nichts. Sie haben es verstanden, sich ganz und gar fallen zu lassen und so in einen Zustand der Freude zu gelangen. Ganz ohne Mittelchen, nur durch körpereigene Substanzen. Das ist ja das Tolle. Unser Körper kann eigentlich alles selber produzieren, wenn wir ihm das erlauben und uns einfach mal auf uns selbst einlassen.

Leg somit los, lass deinen Körper ein paar Glückshormone produzieren und feiere mal wieder eine richtig schöne Party.

Hier ein Tipp: Am besten, du planst schon heute deine „Ich habe mein Traumgewicht erreicht"-Party, und zwar genau an dem Tag, welchen du auf Seite 18 notiert hast. Dadurch steigerst du nicht nur deine Motivation, du wirst auch zugleich an eine extra Energiereserve herankommen. Immerhin sind die Gäste schon informiert, der Termin steht und er wird dich zusätzlich an dein Ziel erinnern.

Party on!

Tag Z

Deine Zukunft

Schon sind wir am letzten Tag in diesem Buch angekommen.

Was dachtest du, als du die ersten Zeilen gelesen hast?

Sind deine Vorstellungen und Erwartungen an dieses Buch eingetroffen oder verbarg sich an jedem Tag ein Thema, womit du so nicht gerechnet hast?

Was hat sich bis hierher schon in dir getan?
Welche Bilder sind nun in deinem Kopf?
Welche Sätze überdenkst du gerade?
Was meinst du, was der morgige Tag,
deine Zukunft, dir bringt?

Die Zukunft umgibt dich in jedem einzelnen Moment. In deinen Gedanken und Visionen holst du deine erreichten Ziele quasi aus der Zukunft in deine Gegenwart und verkürzt somit für dein Vorstellungsvermögen die Zeit. Wichtig ist für dich dabei, dass es real betrachtet keine Zukunft gibt. Es gibt eine Zeit, die noch vor uns liegt und eine, welche wir heute mitgestalten können. Der Satz, das mache ich morgen oder auch dem widme ich mich später, ist so gesehen nicht möglich. Denn morgen oder später wirst du schon nicht mehr komplett die gleiche Person sein. Du hast dich mit jemandem unterhalten oder etwas gelesen und schon bereichern dich diese Informationen. Du bist dann nicht mehr haargenau wie der von gestern.

Wenn du nun also etwas aufschiebst, bist du genau betrachtet rückwärtsgegangen. Diesmal aber im negativen Sinne. Du hast dich von deinem Ziel entfernt, indem du es beiseitegeschoben und ihm signalisiert hast, es ist nicht so wichtig. Das wird sich dein Gehirn sehr gut merken! Wir alle kennen die Sätze: Na gut, heute noch einmal eine Tafel Schokolade und morgen, ja morgen lebe ich dann ganz anders.

Diese Zukunft, dieses Morgen ist fatal für dich. Du sagst dir in diesen Augenblicken nämlich selbst, dass du dir unwichtig bist. Du badest zudem in einem Sicherheitsgefühl, was es nicht gibt. Deinem Körper zu sagen, morgen wird alles anders, ist gelogen. Weil heute deine Veränderung beginnt, im Hier und Jetzt. Und wenn du an deinem Ziel ankommen willst, dann gibt es nur ein Jetzt.

Es kann sein, dass dir das nicht zu 100 % gelingt und daher ist es umso wichtiger, dass deine Ausrichtung stimmt. Dass du an dich glaubst und dass du jetzt beginnst zu handeln. Dann wird die Lücke zwischen morgen und heute immer kleiner werden.

Gibt es Momente,
wo uns die Zukunft unterstützen kann?

Eigentlich nur, wenn wir Krankheitsszenarien her-vorrufen, was wir anhand deines Gewichtes heute sehr einfach und schnell machen können.

Doch das bewegt uns sehr wenig. Dies ist ein Phänomen, welches wirklich sehr destruktiv ist. Wir glauben so sehr daran, dass der Kelch an uns vorüberziehen wird, dass wir deshalb vieles nicht starten. Diese Sicherheit gibt es aber leider nicht. Zu hoffen oder zu glauben, dass man auf der Prozent-seite steht, die kein Diabetes, keine Probleme mit den Organen, Gefäßen, Gelenken usw. bekommen, ist mehr als leichtsinnig.

Das ist so, wie wenn ein Kind nie lernt und hofft, im Test trotzdem eine gute Note zu bekommen. Und da sagen wir immer, unsere Kinder seien naiv und wagemutig. Doch wir Erwachsenen stehen ihnen da in nichts nach. Dazu kommt, dass diejenige Erkran-kung, die wir absolut ablehnen, eine hohe Chance hat, auf unserem Lebensteller zu landen. Das Leben hat seinen ganz eigenen Humor und wenn wir uns nicht bewegen und entwickeln wollen, dann hilft uns das Leben nach, meist nicht sehr sanft. Es ist daher wirklich an der Zeit, im Jetzt all die beschrie-benen Themen anzupacken und dich Stück für Stück neu zu programmieren.

Hinterher zu sagen, na ja, ich habe es gelesen und gewusst, aber getan habe ich nichts, ist schade für dich, schade für dein Leben und auch schade für viele andere Menschen, die nicht die Möglichkeiten haben wie du.

Hole dir dein Leben, dein Wunschgewicht und deine Leichtigkeit zurück und warte nicht darauf, dass die Zukunft irgendetwas von selbst richtet.

Pack es einfach an, und zwar jetzt!

Was gibt es jetzt für dich zu tun?

....

....

....

....

....

....

....

....

Was bringt dich jetzt deinem Ziel näher?

....

....

....

....

....

....

....

....

****

Es beginnt nun die Zeit des Entspannens, denn ein Tick in meinen Büchern ist, dass es am Ende eine von meinen Kurzgeschichten gibt. Quasi als Erholung.

Daher folgt nun: **Im Garten Eden!**

Diese Geschichte handelt von vier Menschen, die sehr unterschiedlich sind und die alle ihr Leben verändern werden.

Warum ich Geschichten einfüge? Ganz ehrlich, wenn ich dir Strategien aus Erfolgsbüchern zitieren soll, die ich gelesen habe, dann müsste ich passen bzw. würde ganz schön anfangen zu stolpern. Doch wenn du mich nach Erfolgsgeschichten fragst, dann sieht die Welt schon anders aus. Daher biete ich deinem Gehirn die Möglichkeit, dieses Buch mit einer Geschichte zu verknüpfen. Vielleicht identifizierst du dich mit einer dieser Personen und bekommst somit einen imaginären Begleiter. Denn auch bei ihnen geht es um einen Lebenswandel. Und zur zusätzlichen Entspannung handelt die Geschichte nicht vom Abnehmen. Doch auch die vier Personen durchleben Ähnliches, denn die Antworten auf unsere Probleme sind immer die gleichen. Wenn du z. B. die Coaching-Welt beobachtest, viele Ansätze ähneln sich und sind auch in diesem Buch wiederzufinden.

Ob Erfolg, Glück, Mann, Frau – es dreht sich vieles immer wieder um die gleichen Problematiken. Die Antworten, die du aktuell am Markt finden kannst, sind meist die gleichen, denn sie sind so universell, dass sie einfach überall passen. So auch in diesem Buch beim Thema Gewicht und Gewicht loswerden. Du kannst die beschriebenen Techniken auf sehr viele Bereiche übertragen und somit profitierst du gleich mehrmals von diesem Buch. Das Erreichen deines Traumgewichtes kann da z. B. nur der Anfang gewesen sein.

Nun wünsche ich dir aber erst einmal viel Freude beim Eintauchen in „den Garten Eden", den es wirklich gibt.

****

Was bleibt am Ende im Garten Eden übrig, wenn die Musik vom Sommerfest verstummt und die Gesichter in die Abendröte eintauchen und wieder davonziehen? Was bleibt übrig, wenn die Geschichten erzählt und gehört wurden?

Noch bieten die Berge um den Garten den Wörtern und Erzählungen Schutz. Noch geben sie den Menschen, die hier vorbeikommen, verweilen und bleiben, ein Gefühl der Sicherheit und des Vertrauens.

Nun wird es Zeit. Zeit, um die Erzählungen zu hören, die schon so gespannt warten.

Am Horizont erscheinen vier Personen. Alle vier stehen sie mitten im Leben, denn sie sind alle 38.

Das ist jedoch auch schon alles, was sie miteinander verbindet.

Als Erster taucht Georg auf. Ein egoistischer Banker, der all seine Frauen betrügt. Als Zweite gesellt sich Melissa dazu. Eine karrieresüchtige Immobilienmaklerin, die gerne hätte, dass jeder sie toll findet.

An Klischees mangelt es hier nicht, im Garten Eden.

Als Dritter folgt Mark. Ein hoffnungsvoller Musiker. Mark will mit seinem Gesang und seiner Gitarre die Welt erobern. Damit das Quartett perfekt wird, erfreut uns Eva mit ihrer Anwesenheit. Eva ist Kindergartenerzieherin und lebt in ihrer ganz eigenen Welt. Vier Personen, die unterschiedlicher nicht sein könnten.

****

Georg arbeitet gerade an einem riesengroßen, ach was – dem größten Projekt aller Zeiten, wenn es nach seinen Erzählungen geht. In seinen Geschichten tauchen immer wieder Wörter auf, die nicht nur leer, sondern auch noch hohl sind. Doch viel schlimmer ist es, dass ihm das nicht einmal auffällt. Er ist so eingenommen von sich, dass er sich nicht einmal selbst zuhört. Geschweige denn, dass er sich reflektiert oder sich den Spiegel vor sein Gesicht hält und schaut, was hinter seinem Ich verborgen ist. Dann würde er sich anschauen können, was Außenstehende sehen. Eine Fülle, eine Komplexität, die ihn bis hierher gebracht hat. Denen er seinen

Reichtum, seine Macht und seinen Erfolg verdankt. Georgs Leben ist geprägt von immer steileren Anstiegen, ob im Studium oder als Angestellter. Er rast durch sein Leben, ohne nach links und rechts zu schauen. Die Hauptsache ist, es geht voran und das am besten immer zu seinen Gunsten. Wie hätte er da Zeit haben können für Gefühle, Verständnis und all den sentimentalen Kram, den es auf dieser Welt gab. Warum er, passend zu seinen Gedanken, auch nur Frauen anzieht, denen eine lange Freundschaft oder gemeinsame Lebensprojekte suspekt sind, fragt er sich nicht. Er ist einfach zu sehr mit sich beschäftigt.

Doch seine Zeit rast dahin, das spürt er und das lässt ihn nachts aufwachen. Ob er ahnt, was passieren wird?

Es wird noch ein halbes Jahr dauern, doch dann wird Georg einen Autounfall haben. Einen Unfall, den er selbst verschuldet hat, weil er die Limits seines Autos ausreizen musste. Er wird die Kontrolle über seinen Wagen verlieren und obwohl er sich sonst selten außerhalb der Stadt, und schon gar nicht am abgelegenen Stadtrand auf einer verlassenen Landstraße, aufhält, kommt es doch an diesem Tag genau dazu. Und, wie sollte es anders sein, wird ihn genau in diesem Moment ein Gefühl von Einsamkeit überraschen. Er fühlt sich verloren. Einen Augenblick später, weil er zu tief in seine Trauer versunken ist, kommt er von der Landstraße ab und fährt direkt an den nächstbesten Baum. Totalschaden.

Nun bekommt er viel Zeit. Eine Ewigkeit vergeht, bis der Krankenwagen eintrifft und ihn wieder in die sichere Stadt zurückholt. Diese Minuten werden ihm unendlich lang vorkommen. Unendlich, weil er in diesen Minuten nur sich selbst hat. Keinem kann er etwas vormachen, keine Show spielen und keiner applaudiert. Es wird dunkel vor seinen Augen und er denkt, er fällt ins Koma. Doch das ist nur die dunkle Leere, die sich in seinem Körper ausbreitet. Er sucht nicht nach Antworten, denn er hat keine Fragen. Er weiß, die Vergangenheit ist die Vergangenheit und zählt heute nicht mehr. Was zählt, ist sein Zustand, sein Leben, das er jetzt in diesem Augenblick hat. Nur im Hier und Jetzt kann er etwas verändern und er hat viel auszutauschen. Er wird das alles über-leben, das merkt er, denn auch wenn er sich nicht bewegen kann, rinnt doch wenig Blut aus seinem Körper und er hat das Gefühl, im Besitz aller Kör-perteile zu sein. Darum muss er sich nicht kümmern. Wohl aber um den Inhalt, um seine Seele, denn diese hängt an einem letzten Ast und beim nächsten kräf-tigen Windhauch scheint sie davonzufliegen. Wie kann er sie festhalten, bei sich behalten? Wo er doch sehr gut verstehen kann, dass sie auf seine ganze Art einfach keine Lust mehr hat. Schließlich muss sie sich das sieben Tage die Woche, live, antun. Doch wie gewinnt man eine Seele zurück?

Ihm fällt nicht viel ein, außer dem kleinen Wort „bitte", bitte bleib. Bleib und schau, wie ich mich verändern kann. Bleib und hilf mir, die richtigen Dinge zu tun. Bleib, damit ich erfahren kann, wie es sich anfühlt, glücklich zu sein, wie es sich an-fühlt, mich selbst wirklich zu lieben und wie es sich anfühlt, einen Menschen zu lieben. Zu lieben, aber nicht besitzen zu wollen oder gar als Vorzeigepuppe hin und her zu reichen. Bleib, damit ich meinen Kopf für die Dinge einsetze, für die es sich wirklich lohnt zu leben.

Bitte bleib. Sein Herz schlägt auf einmal schneller und schneller und ihm wird bewusst, dass er sich auch um diesen Bereich kümmern muss. Es ist an der Zeit, sich zu entschuldigen für all die hässlichen Wörter, die er den Menschen um sich herum und damit auch sich selbst an den Kopf geworfen hat. Entschuldigung zu sagen für die Eiseskälte, die er immer wieder hatte aufkommen lassen in seinem Leben. Georg merkt, wie sich Wärme in seinem Körper ausbreitet. Wärme, die man nicht in Grad Celsius messen, nur spüren und erleben kann. Diese Wärme gibt ihm Zuversicht, Hoffnung und Mut, die ersten Veränderungen, die er angegangen ist, weiterzuverfolgen. Er wollte die Wärme nicht mehr gehen lassen und sie, wenn er es konnte und erlernt hatte, weitergeben. An seine Umgebung, an die Menschen, die in seinem Leben eine wichtige Rolle spielen. Er war ein anderer geworden. Eine Sekunde der Unachtsamkeit und viel Zeit danach haben ihn aufwachen lassen aus einem tiefen, trostlosen Schlaf.

****

Melissa ist wohl das weibliche Gegenstück zu Georg. Alles, was sie in die Hand nimmt, muss ihr gelingen, es muss Profit bringen, nützlich sein – nach welcher

Definition auch immer. Und am liebsten sieht sie es, wenn die Menschen, die sich gerade um sie herum befinden, sie bewundern, für ihre schlanke Figur, für ihr tolles Outfit, für das viele Geld, was sie besitzt und für ihren wahnsinnig tollen Job.

Doch schon bald wird ein Mann Melissas Leben kreuzen und sie wird sich entscheiden müssen, welchen Weg sie weitergeht.

Eines Abends wird sie mit ihrer Arbeitskollegin und ernannten Freundin, denn Freunde sucht man vergebens in Melissas Leben, in einer Bar sitzen und den teuersten Cocktail trinken, den die Karte zu bieten hat. An der Bar entdeckt sie einen Mann und sie merkt sofort, dieser Mann mag für andere nicht weiter aufregend sein, doch ihr Herz beginnt zu schlagen, in einem Takt, den sie schon fast vergessen hatte. Sie blickt wieder in ihr Glas und wird unsicher. Ihr Leben ist perfekt, souverän durchgestylt und sie weiß, wie sie die Männer dort einfügen muss. Doch diesmal scheint ihr schon beim puren Anblick alles zu entgleiten. Sie ist sich nicht sicher, ob sie das will und versucht, im Sud des Getränkes etwas zu entdecken, was ihr Sicherheit gibt. Die beste Lösung scheint ihr im Moment zu sein, einfach noch einen zweiten Drink zu bestellen, denn Alkohol ist auch eine Lösung. Zu allem Übel verabschiedet sich ihre Arbeitskollegin, denn die Woche an Melissas Seite war mal wieder kein Leichtes. Nun sitzt sie allein da. Ihr Blick sucht immer wieder die Nähe des Mannes und für einen Moment dreht er sich um und scheint ihr in die Augen zu blicken. Es vergehen gefühlte Minuten und sie kann das alles nicht wirklich deuten. Ist das echt oder alles nur ein vorgespieltes Schauspiel der Liebe? Sie atmet tief durch und ist wie versteinert.

Auch wenn das eine absolut unlogische Entscheidung ist, sie muss die Situation verlassen und ganz schnell die Toilette aufsuchen. Ihr Spiegelbild verrät auf den ersten Blick nicht viel. Doch dann entdeckt sie ihre Augen. Ihre Augen sind sonst matt, daher müssen sie ja besonders mit Schminke versorgt werden. Doch nun scheinen sie viel klarer zu sein und fast zu glänzen. Der Gang hierher hat sie nicht beruhigen können. Sie beschließt, sich lieber dem zweiten Glas zu widmen und ihr Handy als sicheres Werkzeug zu verwenden, um beschäftigt und wichtig zu wirken.

Sie geht raus und steuert den Tisch an, an dem sie saß, aber er ist besetzt. Der Mann von der Bar hat sich mit seinem Glas zu ihren zwei Gläsern gesellt und liest in einem Buch. Er liest nachts in einer Bar an ihrem Tisch in einem richtigen, aus Papier bestehenden Buch. Was soll sie sagen? Sie hat kein Buch dabei. Es ist auch schon lange her, dass sie so etwas Altmodisches in der Hand hielt. Sie verlangsamt ihren Schritt, doch irgendwann wird sie selbst in diesem Schneckentempo den Tisch erreichen. In diesem Augenblick dreht er sich um und lächelt sie an. Sie setzt sich an den Tisch und sie fangen ein Gespräch an. Sie glaubt, ihn schon lange zu kennen und denkt, sie würde neben einem guten alten Freund sitzen. Ins Gespräch vertieft kommt ihr in den Sinn, dass dieser Mann sie, in welcher Form auch immer, den Rest ihres Lebens begleiten wird. Sie ist noch naiv und glaubt, das alles hier ist nur eine weitere Bekanntschaft, doch diese unvoreingenommene Sichtweise braucht sie in diesem Moment noch. Die Bar schließt, denn der Morgen ist schon längst da und sie beschließen, frühstücken zu gehen. Beim anschließenden Spaziergang durch die Stadt kommen sie sich näher und er umarmt sie. Diese Umarmung fühlt sich so vertraut an. In ihr stecken so viel Geborgenheit und Wärme, dass sie für immer hier verweilen möchte. Sie ist etwas benommen von der Möglichkeit, dass zwei Menschen, die sich erst vor wenigen Stunden kennengelernt haben, schon so eine Verbundenheit fühlen können.

****

Das ganze Geldgehabe und eine steile Karriere im klassischen Sinn sind Mark fremd. Er ist zusammen mit seiner Gitarre und der Musik, samt den Texten, die er noch im Hinterzimmer schreibt. Er ist eifrig bei der Sache, denn er fühlt, es ist das, was er tun muss in seinem Leben. Doch wie soll er bekannt und berühmt werden, wie auf die großen Bühnen dieser Welt gelangen als ganz normaler Mensch? Ohne das ganze Vitamin B, ohne blonde Haare und einen überdimensional gebauten Körper und ohne sich selbst bei der ganzen Sache aufzugeben. Was Mark nicht weiß, er muss erst noch eine Lektion lernen, bevor er die nächsten Schritte gehen darf. Noch ist in seinem tiefsten Inneren der Wunsch vorhanden, durch die Musik anerkannt, gefeiert und bestaunt zu werden. Doch darum darf es nicht gehen, klar ist der Applaus für einen da, aber nicht um Dinge, die nicht in einem selbst vorhanden sind, zu kompensieren, sondern um die Arbeit wertzuschätzen und anzuerkennen. Noch sucht sein Ego den Weg auf die Bühne, nicht aber sein Talent und sein Herz.

Sein Ego wird in kürzester Zeit auf eine harte Probe gestellt werden, denn er wird zu einem wichtigen Benefiz-Konzert eingeladen, wo er spielen darf, nur bekommen tut er dafür nichts. Und er ist auch nur einer von vielen. Das „Beste", er darf als Allererster spielen. Dann, wenn noch nicht einmal alle da, wenn sie noch überhaupt nicht aufgewärmt sind, vom Alkoholspiegel ganz zu schweigen. Ach ja, selbstverständlich kann er nicht mehr als sechs Songs spielen, denn das Programm ist straff organisiert und darin kein Platz für Extras, zumindest nicht bei denen, die noch ganz am Anfang stehen.

Mark ist hin- und hergerissen, viel Geld, Zeit und Energie herausposaunen für etwas, was aus Musikersicht nicht gerade einem Volltreffer gleicht.

Es zerreißt ihn fast, auf der einen Seite sein Ego, was für mehr Anerkennung, mehr Respekt und vor allem für Geld kämpft und auf der anderen Seite die Vernunft, die alle positiven Aspekte aus allen Ecken herauskramt, um ihm das Ganze schmackhaft zu machen.

Er trifft eine Entscheidung, er muss etwas machen, was seinem Ego noch schlimmer erscheint. Wovor er sich immer gefürchtet hat.

Er muss auf der Straße spielen. Unter den Menschen, die ihm ganz kalt und direkt mit ihrem Gesichtsausdruck zeigen, was sie von dem Ganzen halten. Ein Graus für Mark. Er sucht sich einen Zeitraum aus, in dem er auf die Straße gehen wird, kümmert sich um all die Formalitäten und findet sich schneller als er dachte auf dem Asphalt wieder.

Er fängt an zu spielen. Seine Finger sind kalt, seine Stimme verkühlt und das Wetter ist nicht auf seiner Seite. Er spielt, das ist schließlich der Grund, warum er heute hier ist. Er fragt sich, wie schlimm es wohl werden würde. Er merkt, dass sich seine Gesichtszüge verziehen und er lieber die Menschen nicht ansehen möchte, damit sie nicht sehen, wie er sich fühlt. Doch das geht auf der Straße schlecht, dann hätte er sich verkleiden und ein Kilo Schminke auftragen müssen, doch so spiegelt sich alles in seinem Gesicht wider. Es läuft überhaupt nicht. Der Hut ist immer noch leer und er hat das Gefühl, die Menschen laufen besonders schnell, wenn sie an ihm vorbeikommen.

Er stoppt und hält inne. So kann das nicht funktionieren. Er setzt sich auf eine nahegelegene Bank und fängt an, die Menschen zu beobachten, er fühlt mit ihnen und stellt sich vor, wie er reagieren würde, wenn hier jemand spielen würde. Er würde wohl genauso wie die anderen Menschen reagieren, denn er merkt, viele sind genauso verunsichert wie er. Sind genauso mit ihrem Ego behaftet und würden so etwas nie tun. Außer das Ende der Welt würde sie dazu zwingen. Er entscheidet sich, in den nächsten paar Minuten, Stück für Stück, seine negativen Gedanken abzulegen und sich vorzustellen, wie er diesen vorbeigehenden Menschen ein Lächeln schenken kann. Eines, was sein Herz und eines, was die Menschen, die vorbeirennen, erwärmt. Wenn sie an ihm vorüber sind, soll sich etwas in ihnen verändert haben, zum Positiven versteht sich. Wie stellt er das nur an? Das Einzige, was ihm in den Sinn kommt, ist Leidenschaft. Er wird all seine Leidenschaft und Begeisterung aufbringen und sie mit Liebe und Schönheit vereinen.

Er greift zu seiner Gitarre und erhebt seine Stimme. Diesmal klingt das alles ganz anders, viel wärmer, lebendiger und vor allem ehrlich. Er spielt, er gibt alles, was er kann und verbindet sich immer mehr mit diesem Ort, an dem er steht, immer tiefer mit den Menschen, die vorbeigehen und er wird eins mit ihnen. Er spürt die Energie, die sich um ihn herum aufbaut und ausbaut. Er kann es kaum glauben, er hat zum ersten Mal verstanden, worum es hier eigentlich geht.

Und die Frage, ob er überhaupt beim Benefizkonzert auftreten soll, kommt ihm sehr unangenehm, fast peinlich vor.

∗∗∗∗

Eva, die Kindergartenerzieherin, ist da und abwesend zugleich. Sie besitzt, was für ihre Arbeit hervorragend ist, eine blühende Fantasie und schleicht sich oft genug aus dieser realen Welt. Wenn sie in ihre Gedanken vertieft ist, merkt sie kaum, was um sie herum passiert. Es ist auch unwichtig, aus ihrer Sicht. Denn die reale Welt ist sowieso nicht real und auch nur ein Abbild davon, was erschaffen wurde. Aber genauso können auch andere Dinge erschaffen werden, wenn man eben die Fantasie dafür übrig hat. Doch Eva merkt, sie verliert sich immer mehr in ihren Gedanken und verpasst so den Anschluss an das Leben um sie herum. Außerdem bleibt sie, nicht so wie Georg und Melissa, weit hinter ihrem Potenzial zurück. Sie hat Fähigkeiten, das weiß sie, doch diese sind immer noch fest verschlossen und zeigen sich nur ganz selten. Für Eva wird es Zeit, aufzuwachen und ihre Füße fest auf den Boden zu positionieren.

Eva hat sich über die Jahre sehr in ihre Arbeit vertieft und viel Wissen zum Thema „auffällige Kinder" angesammelt. Sie liebt die Herausforderungen, die ihr Kinder bieten, die ihren eigenen Kopf haben, aber zugleich nicht richtig zu wissen scheinen, wo sie mit ihrer ganzen Präsenz hinsollen.

Noch in diesem Jahr, wenn der Sommer sich gelegt hat, wird Eva ihrem inneren Impuls folgen und all das, was sie über die Jahre beobachtet hat, aufschreiben und in einem Buch zusammentragen. Sie wird merken, wie sie das Schreiben befreit und ihr zugleich noch eine Barriere, zwischen einem sofortigen Kontakt mit der Außenwelt, lässt. Sie kann sich die Zeit nehmen, die sie braucht und schreiben. Schreiben und immer weiterschreiben. Ihr fällt dabei auf, dass sie so oft dem Schreiben in ihrem

Leben einen Platz gegeben hatte, doch nicht darüber hinausgegangen ist. Wie wohl so mancher hatte sie einen großen Teil von sich selbst nicht anerkennen und vor allem nicht beachten wollen. Jetzt, wo sie sich ihren beiden Themen widmet, sprudelt es nur so aus ihr heraus und sie findet eine Begeisterung, eine Freude und eine Offenheit, welche sie so nur ganz selten wahrgenommen hat. Eva beginnt, zuerst mit ihren Kolleginnen und später auch mit ihrer Familie und Freunden darüber zu sprechen, woran sie gerade arbeitet. Die erste Reaktion ist meist die gleiche, ein Schweigen stellt sich ein. Sie wissen nicht so recht, was nun passiert. Wohl ahnen sie, dass Eva noch mehr kann, als sie zeigte, aber diesen Veränderungen können sie fast nicht mehr folgen. Vor allem stellt Eva ihr eigenes Leben in ein neues Licht.

Diese Form der Gespräche und die sich einstellende Verschiebung dadurch, wer gerade was zu berichten hat, bringt Evas Welt in eine neue Unordnung, obwohl ihr das nicht ganz unangenehm erscheint. Die Menschen fangen an, auch sofort berichten zu wollen, was sie gerade Aufregendes machen und es beginnt nicht selten ein Wettkampf, den keiner gewinnen kann.

Doch auch dies wird ein Prozess für alle sein, dem sie sich stellen dürfen.

Evas Buch nimmt stattdessen immer mehr Form an und an dem Tag, als es fertig ist, kann sie kaum glauben, was sie in der Hand hält. Dieses Buch holte sie direkt in das Leben, ins Hier und Jetzt. Doch das wird erst der Anfang sein. Der Anfang von einer Linie, die sie nun verfolgt, die kein Ende hat und auf der es nur schwer ein Zurück gibt. Alles, was sie Tag für Tag mit ihrer neuen Aufgabe erlebt, bringt sie nur in eine Richtung, und zwar vorwärts.

Und hier gibt es kein Ende, außer Eva springt ab von diesem Zug und entscheidet zu stoppen, doch wenn nicht, geht es immer weiter. Es passieren immer wieder neue Ereignisse, die sie dorthin begleiten werden, wo die Reise hingehen soll. Seitdem sich Eva mit dem Buch beschäftigt hat, merkt sie, dass die Dinge so einfach und simpel verlaufen, so unkompliziert. Etwas, was sie in der alten realen Welt oft vergebens gesucht hat. Keine komplexen Verstrickungen und keine abstrusen Verzweigungen, nein, nur ein einfacher, simpler Pfad, der sich vor ihr ausbreitet und dem sie folgt.

****

Diese so unterschiedlichen Personen treffen im Garten Eden bei diesem Fest aufeinander und der Zufall hat es so eingerichtet, dass sie alle vier allein angekommen sind. Noch befinden sie sich in ihrem alten Zustand, ohne jegliche Veränderung. Noch wissen sie nicht und ahnen keineswegs, was sich bei jedem Einzelnen in den nächsten Monaten ereignen wird. Da der Rest der hier Anwesenden sicherheitshalber eine Begleitung mitgebracht hat, stehen sie vorerst noch etwas verwirrt herum. Zuerst treffen sich Melissa und Eva und obwohl sie unterschiedlicher nicht sein könnten, scheint ihnen nicht viel übrig zu bleiben und sie fangen ein Gespräch an. Oder besser beschrieben, Melissa beginnt von sich zu erzählen und Eva hört, weniger gespannt, aber dennoch höflich zu. Sie denkt sich, es wäre doch ein spannendes Projekt, wenn jeder von der Eigenschaft, die am meisten Platz in seinem Leben einnimmt, etwas abgeben könnte. Und im Gegenzug bietet man der anderen Person etwas von dem an, von dem man selbst zu viel hat. Ein kleines Tauschgeschäft mit einem interessanten und offenen Ausgang. Eva beginnt einfach das Experiment und schaut sich genau an, wie Melissa agiert. Sie versucht die Elemente, die zu ihrem Wesen passen aufzuschnappen und zu mobilisieren. Und siehe da, das Gespräch verläuft gleich um einiges besser, denn ihre Augen sind nun mehr auf einer gemeinsamen Linie und Eva tut die Offenheit sehr gut. Wie aber kommt Melissa nun zu etwas mehr Fantasie und zu mehr Mystik? Eva ergreift das Gesprächszepter und beginnt eine Geschichte zu erzählen, als würde vor ihr ein Haufen von Kindern sitzen, die ihr gespannt zuhören. Melissa ist schnell in den Bann der Geschichte gezogen und am Ende ist sie begeistert und sagt, das würde sie auch gern können. Eva gesteht ihr, was sie vor ein paar Minuten mit Melissas Qualitäten gemacht hat und schlägt Melissa vor, sich doch auch zu öffnen und dieser Fähigkeit in ihrem Leben einen Platz zu geben. Denn Eva ist überzeugt, jeder von uns kann noch viel mehr Fähigkeiten in sich aufnehmen und in seinem Leben integrieren. Eva animiert

Melissa, auch eine kleine Story zu erzählen und hört gespannt zu. Es gelingt.

****

In der Zwischenzeit sind sich auch Georg und Mark an der Bar über den Weg gelaufen und haben ein Gespräch angefangen. Die Musik ist bekanntlich ein guter Start für zwei Menschen, die sich nicht kennen. Georg entdeckt dabei, dass es ihn schon immer gereizt hatte, ein Instrument zu spielen. Er erkundigt sich bei Mark, welches Instrument denn wohl passend für ihn wäre. Sie einigen sich auf die Gitarre, überall recht unkompliziert einsetzbar, was für Georg nicht unwichtig ist, wenn er jemanden beeindrucken möchte. Georg wird das Gefühl nicht los, dass er Mark im Gegenzug auch eine Idee mit auf den Weg geben will und so erzählt er ihm, dass die Immobilien-Branche sich gerne selbst feiert, besonders dann, wenn ein großes Objekt fertig gebaut ist oder zum Verkauf steht. Bei solchen After-Work-Treffen geht es darum, die Interessenten bei Laune zu halten und ihnen ein Gefühl von Leichtigkeit zu geben. Dabei gäbe es selbstverständlich auch immer etwas Musik. Mark nimmt die Idee gerne an und verinnerlicht sie.

Eva und Melissa verspüren, dass sie ebenfalls etwas trinken könnten und so finden sie sich sehr bald an der Bar und in einem ersten Gespräch mit Mark und Georg wieder. Die einzelnen Masken sind recht schnell gefallen und alle vier haben begonnen, sich offen zu unterhalten. Sie führen nicht solch eine Unterhaltung, wo die Fakten auf den Tisch geknallt werden, nein, es ist eine Unterhaltung, die jeden mit einbezieht und einen kleinen Kreis, einen eigenen Kosmos, um sie herum schafft.

Sie bemerken die Dynamik, die diese Unterhaltung bekommt, sie reden nicht darüber, sondern lassen einfach die Dinge geschehen, die geschehen sollen. Eine Erfahrung, die sie so im Alltag nicht machen würden, denn da herrscht mehr oder weniger Kontrolle und die Macht über jede Situation.

Was schon im Gespräch zu zweit begonnen hat, wird nun weitergeführt. Für jeden werden die Eigenschaften von den jeweils drei anderen sichtbar und es findet ein gewisser Austausch der Charaktereigenschaften statt. Denn keine Eigenschaft ist partout schlecht, nur ein Zuviel davon problematisch. So entstehen in dieser kleinen Runde andere Persönlichkeiten, die alle Merkmale, die sich in ihnen befinden, zulassen und gerade den Merkmalen, die vergraben sind, eine neue Chance bieten, sich zu entfalten. Sie fangen an, sich gegenseitig zu inspirieren, sich zu motivieren. Mit dieser sehr großen Offenheit dem anderen gegenüber fallen die Barrieren, die einem sowieso keinen Schutz geben. Sie benötigen auch keinen Schutz, denn im Gespräch geht es nicht darum, den anderen zu verletzen oder zurechtzuweisen. Es gibt keine Wörter wie du musst und du solltest, denn jeder von ihnen ist eine eigene Person, die im Grunde genau weiß, was das Richtige für sie ist. Da diese Art von Unterhaltung allen mehr oder weniger fremd ist, kommt nach einer Weile doch etwas Zweifel auf, ob das, was hier gerade geschieht, auch außerhalb dieses Gartens möglich wäre, ob dieses Grundvertrauen zu einem noch unbekannten fremden Menschen auf diese Weise möglich ist? Sie beschließen, jeder für sich, diese Idee, dieses Potenzial, welches sie erfahren haben, nicht zu vergessen und so gut es ihnen gelingt, in ihren Alltag einzubetten. Und auch wenn noch all die anderen geschilderten Dinge in der nahen Zukunft geschehen müssen, damit sich die einzelnen festgefahrenen Charakterzüge neu zusammensetzen, sind dies hier doch die ersten Schritte hin zu einem anderen Leben.

Der Abend neigt sich langsam und die anderen Gäste verlassen die Feier. Es wird auch für Georg, Mark, Melissa und Eva Zeit, sich zu verabschieden. Sie zögern noch etwas, ob sie Kontakt halten sollen, doch aus irgendeinem Grund lassen sie davon ab, denn sie sagen sich, wenn sie sich wiedersehen sollen, dann wird das so oder so geschehen.

Die vier wollen diesen Abend nicht mit Versprechungen und Verpflichtungen beenden, denn jeder von ihnen weiß, davon haben sie schon so viele gemacht und genützt hat es nichts, vor allem dann nicht, wenn alles zu einem Zwang ausgeartet ist.

Als Eva in ihre Wohnung kommt, ist sie noch ganz benebelt, nicht von dem Wein, sondern von den ganzen Eindrücken, die sie gesammelt hat. Sie merkt, wie die vor kurzem gewonnenen menschlichen Züge sich wieder langsam aus ihrem Körper davonschleichen wollen und noch kann sie sie nicht festhalten und bitten, bei ihr zu bleiben. Auch Mark geht es ähnlich, er ist inspiriert und doch zugleich noch unsicher, was das alles zu bedeuten hat. Er ergreift seine Gitarre und beschließt, diesen Abend in einen Song umzuwandeln, sodass er bei einer passenden Gelegenheit den Menschen davon erzählen kann, ohne dass sie ihn für verrückt halten, denn ein Song kann alles verkraften, ob wahr oder nicht.

Melissa findet sich nach dem nach Hause kommen in ihrer Küche, mit einer Weinflasche in der Hand, wieder. Das war alles etwas zu viel, obwohl es sich so leicht und einfach angefühlt hatte. Aber genau das war wohl so schwer, dem Leichten und Einfachen einen Platz in ihrem Leben zu geben.

Mit Georg schließt sich der Kreis. Er dagegen gesteht sich zwar ein, das alles war etwas Besonderes, etwas anderes, aber das wird ihn nicht aus seiner gewohnten Routine in seinem Leben bringen. Schließlich könne so etwas zu jeder Zeit wieder passieren, wenn er nur wollte, und mit diesen Gedanken geht sein Tag zu Ende.

Doch für alle war dieser Abend erst der Anfang und die Dinge, die passieren wollen, wurden in die richtigen Bahnen gelenkt und können nicht mehr aufgehalten werden.

****

Über die Autorin

2015 trat ich meine Reise als Autorin an. Eine Reise und oft auch ein Abenteuer, bei dem ich nicht im Geringsten ahnte, wohin es mich führen wird.

Erst entstand ein Buch. Ganz naiv und einfach so habe ich es veröffentlicht. Dann folgte ein zweites und jetzt sind es über dreizehn Bücher, die ich herausgegeben habe. Und es werden noch mehrere Bücher kommen, denn das Schreiben lässt mich nicht los.

Ich träume davon, dass ich schreiben soll. Eine unsichtbare Hand schiebt mich immer dann nach vorn, wenn ich mal wieder eine Weile nicht geschrieben habe. Diese Hand ermahnt mich sanft, diesen Weg immer weiterzugehen, egal wohin er führen mag.

Daher, wir wissen nie, was das Leben mit uns vorhat, doch wenn wir uns darauf einlassen, dürfen wir oft Spannendes erleben.

Dank meiner Bücher kann ich dich heute auf vielen Ebenen inspirieren, ich kann meine Gedanken mit dir teilen und sie zugleich in die Welt tragen. So kann ich das leben, was mein Herz sich wünscht.

Heute begleiten mich die verschiedensten Menschen auf meinem Weg und du bist jetzt einer davon. Denn durch die Zeilen in meinen Büchern sind wir verbunden. Die Worte sprechen zu dir, so als wenn ich sie dir direkt erzählt hätte.

Egal wo ich lebe und noch leben werde, das Schreiben wird etwas sein, was ich überallhin mitnehme. Es wird mich wohl bis ans Ende meiner Tage begleiten. Und das ist gut so, denn so inspiriere ich Menschen nicht nur zum Lesen, nein, viele Menschen habe ich auch dazu inspirieren können, ihr eigenes Buch zu schreiben. Du musst wissen, sein eigenes Buch zu schreiben, das ist ein ganz besonderer Prozess und zugleich eine sehr schöne Erfahrung.

Daher, wir wissen nie, was das Leben noch alles mit uns vorhat!

For a better life
Bettina Gronow

Buchempfehlungen

Bettina Gronow

Leih mir deine Augen, ich leih dir mein Herz

Von einer Essstörung zu
einem genialen Leben!

Von A bis Z bietet
dir dieses Buch neue
Lösungsansätze
für ein entspanntes
Essverhalten.

Bettina Gronow

AN 365 TAGEN

Dein Tagesbegleiter
in deutsch.

Greife nach den Sternen
am Himmel anstatt nach
den Steinen am Boden.

Bettina Gronow

Wörter der Seele

Finde deinen Glauben in dir

101 Gedichte vereint
mit 101 Gebeten.

Dieses Buch vereint
Gedichte und Gebete,
welche uns nachdenklich,
fröhlich und zugleich
hoffnungsvoll stimmen.

Bettina Gronow

Zitate der Seele

Deine tägliche Dosis

Dieses Buch jeden Tag
ein Zitat für dich bereit,
welches deine Seele
berührt, sie wachküsst,
öffnet und weitet.